Birte und Martin Stährmann

Zu Fuß durch KIEL

12 Spaziergänge

D

Zu Fuß durch KIEL

1 **RUND UM DAS RATHAUS** 6
Eine Stadt, die neu erblüht

2 **ALTSTADT UND PARKS** 20
Kultur und Revolution

3 **ENTLANG DER KIELLINIE** 34
Die Robbe, die Kogge und die Politik

4 **KUNST UND BOTANIK AN DER UNI** 48
Auf den Spuren von Skulpturen

5 **DER BLÜCHER UND DIE HOLTE** 64
Bummeln und genießen

6 **AM DÜSTERNBROOKER GEHÖLZ** 78
Herrschaftliches Wohnen im Villenviertel

7 **IN GAARDEN AM OSTUFER** 90
Street-Art und buntes Multikulti

8 IN WELLINGDORF AM WASSER 104
Der Seefischmarkt und der Meeresschutz

9 AN DER SCHWENTINE 118
Wildromantische Flusslandschaft

10 IM MARITIMEN VIERTEL WIK 130
Alte Bauten und neues Wohnen

11 AM KANAL IN HOLTENAU 142
Pötte, Leuchtturm und die Seebadeanstalt

12 FREIE OSTSEE IN SCHILKSEE 156
Olympia und spektakuläre Steilküste

Liebe Stadtverliebte,

eine spektakuläre Steilküste, eine wildromantische Flusslandschaft, die Ostsee und der Nord-Ostsee-Kanal – Kiel ist vielfältig vom Wasser geprägt. Auch sonst gibt es viel **Schönes und Überraschendes** zu entdecken – faszinierende Street-Art in Gaarden, herrschaftliche Villen am Düsternbrooker Gehölz oder das neue Geomar in der Stadt des Meeresschutzes. Auch der Genuss kommt nicht zu kurz, beispielsweise beim Bummeln und Genießen auf dem Blücherplatz und der Holtenauer Straße.

Eine Tour durch die Altstadt zeigt das Schöne, das den Bombenhagel des Zweiten Weltkrieges überstanden hat. Schritt für Schritt schließt Kiel die Wunden, blüht wieder auf und erstrahlt in **neuem Glanz.** In die Stadt verliebt man sich selten auf den ersten Blick. Nein, sie muss sich mit ihrem spröde wirkenden Charme meist erst die Herzen der Menschen erobern.

In diesem Buch stellen wir Ecken und Viertel der Stadt vor, die uns begeistern. Von klein auf bin ich, Birte, als Flensburgerin immer wieder nach Kiel gekommen und habe meine Patentante und meinen Patenonkel besucht. Nach dem Abitur lebte ich ein Jahr in Kiel und fühlte mich ausgesprochen wohl. Neben vielem anderen beeindruckte mich die **Vielfalt der Angebote** in der Kultur und der Kulinarik.

Nach einer langen Zeit in Stuttgart lockten uns Wasser, Wind und Weite sowie die liebe norddeutsche Familie; wir verlegten unseren Heimathafen an die Ostsee nach Eckernförde. Nun rückte Kiel als nahe gelegene Landeshauptstadt wieder stark in unser Bewusstsein. Bei Besuchen staunten wir, wie sich vieles zum Positiven und Schönen gewandelt hat. Wir begannen, die Stadt mit neuen Augen zu erkunden, und wollen dieses Staunen und diese erwachte Liebe nun mit anderen teilen.

Ganz gleich, ob Sie schon lange in der Stadt leben, frisch zugezogen sind oder nur zu Besuch weilen – wir freuen uns, wenn Sie mit uns **Kiel entdecken und lieben** lernen.

Birte & Martin Stährmann

1

Start/Ziel: Exerzierplatz, 24103 Kiel
Länge: ca. 3,5 Kilometer
Dauer: ca. 2 Stunden
ÖPNV: Bushaltestelle Exerzierplatz
Parken: Exerzierplatz, 24103 Kiel

UNTERWEGS ENTDECKT

1. Exerzierplatz
2. Forum für Baukultur
3. Kirche Sankt Nikolaus
4. Kirchenkai
5. Rathaus und Rathausplatz
6. Opernhaus
7. Hiroshimapark
8. Kleiner Kielkanal/Holstenfleet
9. Holstenstraße
10. Asmus-Bremer-Platz
11. Europaplatz mit Wunderino Arena

ESSEN + TRINKEN

Jan & Hein & Klaas & Pit, Holstenbrücke 1, 24103 Kiel, Tel. (04 31) 12 83 70 06, janheinklaaspit.de (hier kann man entspannt und lecker essen und trinken, unter anderem Craft Beer, drinnen und draußen am Kleinen Kielkanal)

Campus Suite, Europaplatz 2, 24103 Kiel, Tel. (0 40) 23 85 83 80, www.campussuite.de (das Treiben auf dem Europaplatz lässt sich gut von der Terrasse beobachten, bei Kaffee, Saft, einem leckeren Brunch oder Lunch)

RUND UM DAS RATHAUS

Eine Stadt, die neu erblüht

Stolz ragt der prächtige Rathausturm in den Himmel, der Mittelpunkt unserer ersten Tour; auf ihn fällt immer wieder unser Blick. Unbeschädigt hat er die Bomben des Zweiten Weltkriegs überstanden, anders als große Teile der historischen Bausubstanz. Kiel ist eine verwundete Stadt, die sich auf den Weg gemacht hat, in neuer Schönheit zu erblühen. Sehr gelungen ist die neue Kieler Mitte, die das Maritime in die Stadt geholt hat.

Die besonderen Gegensätze von Alt und Neu begegnen uns auf diesem Spaziergang und auch auf anderen immer wieder. Unsere herbstliche Tour startet bei angenehmen Temperaturen und Sonnenschein auf dem Wochenmarkt (mittwochs und samstags von 8 bis 13 Uhr) auf dem von Kastanienbäumen gesäumten 1 **Exerzierplatz** an der dreirädrigen Ape der Gettorfer Kaffeerösterei Scuderia de Caffé. Bei einem vollmundigen, frisch gebrühten Kaffee und leckeren kulinarischen Snacks genießen wir die Farbenpracht der Marktstände und das vielfältige Angebot. Der etwa 2 Hektar große Exerzierplatz, den die Kieler Exer nennen, ist heute ein Parkplatz. Seit 1904 bietet er auch den Ständen des Wochenmarktes Platz. Sein Name verweist auf seine Geschichte: Von 1744 bis 1846 nutzten ihn deutsche und dänische Garnisonsgruppen zum Exerzieren. Zudem ist „Exerzierplatz" der Name eines Stadtteils mit über 6000 Einwohnern, einer hohen Bevölkerungsdichte und zahlreichen Geschäften. Viele der Gebäude, die den Platz umschließen, sind aus dem typisch norddeutschen roten Backstein, auch Klinker genannt, erbaut. Hin und wieder entdeckt das Auge ein Haus mit Elementen des Jugendstils, das inzwischen liebevoll

Markt am Exerzierplatz

Forum für Baukultur

restauriert wurde, wie im Süden das Haus Kronshagener Straße 7 und im Norden das Haus Kleiner Kuhberg 36.

Gestärkt und hoffentlich vollends im Tag angekommen, überqueren wir den Platz Richtung Norden. Die weithin sichtbare Spitze des Rathauses im Blick, gehen wir bis an das östliche Ende des Platzes, überqueren die Straße **Kleiner Kuhberg** und biegen rechts in die **Rathausstraße** ein.

Hier empfiehlt sich ein Abstecher zur Waisenhofstraße 3 (nächste Straße rechts abbiegen) – zum **2 Forum für Baukultur.** Das aufwendig restaurierte Backsteingebäude entstand von 1904 bis 1906 auf dem Gelände des ehemaligen städtischen Waisenhofs und beherbergte anfangs eine Turnhalle und eine Lehrerbibliothek mit Schulmuseum. Inzwischen wurde der denkmalgeschützte Bau in einen multifunktionalen Veranstaltungsort umgewandelt, der Alt und Neu harmonisch verbindet. Bei der Sanierung wurde die ursprüngliche farbenfrohe Gestaltung wieder hergestellt und auch der Boden mit Fischgrätparkett erstrahlt in neuem Glanz. Bei öffentlichen Ausstellungen und Diskussionsveranstaltungen zur Geschichte und zur Zukunft Kiels gibt es die Möglichkeit, das Gebäude von innen anzusehen.

Am Ende der Waisenhofstraße lohnt sich ein weiterer Abstecher nach rechts in einen gepflasterten, von Bäumen, Büschen und Blumenrabatten gesäumten Weg, von dem aus uns ein schöner Blick auf die Rückseite des Alten Rathauses und die nahe gelegene Kirche Sankt Nikolaus geschenkt wird. Hier liegt der Rathausbunker (Waisenhofstraße 6) mit wechselnden Kunst- und Kulturveranstaltungen. Auch der Bunker Club ist hier zu Hause und lädt am Wochenende zum Abtanzen ein.

Wir folgen der Waisenhof- zur rechts abbiegenden Rathausstraße und werfen dabei immer wieder einen Blick auf die Fassaden. In der Waisenhofstraße 5 A befindet sich seit

über drei Jahrzehnten mit der Chaplins Bar Kiel eine entspannte und empfehlenswerte Cocktail- und Piano-Bar, in der ein Tag in Kiel am Abend stimmig ausklingen kann.

Rechts folgt nach wenigen Metern entlang der Rathausstraße das Areal der katholischen 3 **Kirche Sankt Nikolaus.** Ab 1890 wurde sie als dreischiffiger neugotischer Ziegelsteinbau errichtet und 1944 durch Bomben zerstört. In den 1950er-Jahren baute man sie vereinfacht wieder auf. Kunsthistorisch bedeutsam ist der erhalten gebliebene Flügelaltar von 1515, in der Mitte mit Figuren wie der Muttergottes mit dem Jesuskind. Auf den Außenseiten der Flügel zeigen Malereien den heiligen Nikolaus.

Kirche Sankt Nikolaus

Sehenswert ist im Areal das prägnante, lichtdurchflutete Gebäude des 4 **Kirchenkais.** Der 2004 erbaute gläserne Kubus erhielt 2006 vom Kieler Beirat für Stadtgestaltung eine Auszeichnung. In stylischem Ambiente gibt es moderne Angebote der Stadtseelsorge.

Wir folgen dem Straßenverlauf noch wenige Meter und biegen nach rechts in die Straße **Fleethörn** ein; diese führt zum 5 **Rathausplatz** mit seinem Rathaus. Als Kiel bei den Olympischen Spielen 1972 in München zum Schauplatz der Segelwettbewerbe wurde, wurde der Platz neu gestaltet, zum Kleinen Kiel hin ansteigend terrassiert. Die 3 Meter hohe Schwertträger-Skulptur erschuf 1912 der Bildhauer Adolf Brütt. Zentral in der Mitte des Platzes steht die „Feuersäule Vortex“ des amerikanischen Künstlers Gary Rieveschl. Die Kieler bezeichnen sie als Olympiaflamme, denn in dem achteckigen Glaszylinder brannte 1972 das Olympische Feuer. Heute wird das Feuer zur Eröffnung der Kieler Woche und bei Olympischen Spielen entzündet. Auf dem großen Platz gibt es viele Kundgebungen, aber auch Märkte wie den Internationalen Markt der Kieler Woche, den monatlichen Flohmarkt (April bis Oktober) und das romantische Weihnachtsdorf in der Adventszeit. Im Sommer avanciert der Platz zur Bühne für die Aufführungen der Freiluftoper.

Imposant erhebt sich der 106 Meter hohe Rathausturm mit der 27 Meter hohen Kupferhaube über dem Platz. Seit 1911 ist hier das **Rathaus** angesiedelt. Flattern dann noch Tauben auf und strahlt die Sonne mild vom Himmel, wähnt man sich für Augenblicke in Venedig. Diese Assoziation ist gewollt: Den Rathausturm gestaltete der Architekt Hermann Billing in Anlehnung an den Markusturm der Lagunenstadt – und war dabei so selbstbewusst, den Kieler Turm mehr als 7 Meter höher zu bauen. Das Innere des Rathauses ist im Jugendstil gehalten und mit herausragenden Kunstwerken ausgestattet, zum Beispiel mit Skulpturen von Ernst Barlach. Ausgesprochen sehenswert ist das Ratsherrenzimmer. Von der Aussichtsplattform in 67 Metern Höhe genießt man im Sommer bei Führungen einen fantastischen

Rathaus

DAS GOLDENE EI ÜBER KIELS DÄCHERN

Das „Goldene Ei“ Kiels hat nichts mit dem berühmten Bond-Film „Golden Eye“ zu tun, sondern es handelt sich um eine glanzvolle, schöne und normalerweise unerreichbare Kugel. Die zwei Halbschalen aus 2 Millimeter starkem Kupferblech wurden mühevoll von Hand gehämmert und in der hohlen Mitte mit einem Eisenkreuz stabilisiert. Die Kugel ziert seit mehr als 100 Jahren die Spitze des Rathauses und ist 1,40 Meter hoch, bei einem Durchmesser von 83 Zentimetern. Lange fragte man sich, was die Kugel in ihrem Innern verbirgt. 1964 wurde das Geheimnis gelüftet. In einer Tasche aus Kupfer fanden sich Originaldokumente aus dem Erbauungsjahr 1911: ein in Sütterlin handgeschriebener Bericht über den Bau des Rathauses, ein Bürgerbuch der Stadt Kiel 1909, ein Stadtplan in Farbe und eine Fotografie des damaligen Oberbürgermeisters Paul Fuß und des Rathausarchitekten Hermann Billing. Ergänzt um aktuelle Dokumente aus dem Jahr 1964, wurde die Kugel wieder an ihren Ursprungsort zurückmontiert und thront seitdem golden glänzend über der Stadt.

Am Opernhaus

Blick auf Kiel und die Kieler Förde. Viertelstündlich ertönt das Glockenspiel.

Die linke Seite des Platzes nimmt ein weiterer backsteinroter Jugendstilbau ein: das prächtige 6 **Opernhaus.** Ursprünglich von 1902 bis 1907 als Stadttheater erbaut, wurde es im Zweiten Weltkrieg schwer getroffen. Von 1950 bis 1953 gelang der Wiederaufbau; dabei wurden die Umfassungsmauern beibehalten, aber die Dachform vereinfacht und das Bühnenhaus neu gestaltet. Den Kielern bereitete es eine große Freude, als am 21. Juni 1953 das Stadttheater im Rahmen der Kieler Woche mit Beethovens Oper „Fidelio" wieder öffnete. Heute finden über 800 Zuschauer Platz im Opernhaus und blicken gebannt auf eine 400 Quadratmeter große Bühne, auf der sie hochwertigen Ballett- und Musiktheatergenuss erleben. Wir umrunden den Bau und erfreuen uns an der großzügigen Treppenanlage und am prächtigen, weitgehend im Ursprungszustand erhaltenen Eingangsportal mit dem durchlaufenden Balkon; es ist zum Binnengewässer Kleiner Kiel hin ausgerichtet. Rechts vom Eingang schließt sich ein moderner, schwarz verglaster Bau an, darin befindet sich das Betriebsgebäude.

Nach so viel Bau- und Kulturschau tut es gut, von den Treppenstufen des Opernhauses auf den zum Kleinen Kiel hin gelegenen Abschnitt der Rathausstraße zu gehen und rechts in den 7 **Hiroshimapark** zu treten. Die kleine Grünanlage entstand Anfang des 20. Jahrhunderts, als ein Teil des Kleinen Kiels zugeschüttet wurde. Damals hieß er Bismarckpark; im Bereich des Eingangs fällt sogleich ein **Bismarckdenkmal** ins Auge. 1895 wurde der ehemalige Reichskanzler 80 Jahre alt. Kiel setzte ihm mit diesem Denkmal, wie viele andere Städte auch, ein Zeichen der Dankbarkeit für seinen Einsatz zur Gründung des Deutschen Reiches 1871. Seit 1897 steht Bismarck hier in Bronze gegossen auf einem hohen Granitsockel; der Bildhauer Harro Magnussen zeigt ihn mit willensstarkem Gesichtsausdruck in standhafter und entschlossener Pose. 1987 erhielt der Park seinen neuen Namen, zum Gedenken an die Opfer der amerikanischen Atombombe im japanischen Hiroshima.

An einer anderen Stelle des Parks, parallel zum Lorentzendamm, steht ein **Mahnmal** des Bildhauers Heiko Weis für **Sinti und Roma,** die dem Rassenwahn der Nationalsozialisten zum Opfer fielen.

Vor wenigen Jahren gestaltete die Stadt die Grünanlage im Uferbereich des Kleinen Kiels neu. Nun finden sich hier viele lauschige Sitzplätze. Ausgesprochen schön sitzt es sich auf den langen Bänken des neuen Bogenstegs. Der richtige Platz, um Wasservögel zu beobachten, einen mitgebrachten Imbiss zu verzehren oder einige Augenblicke die Augen zu schließen, bevor es weitergeht auf unserem Spaziergang. Der **Kleine Kiel** ist ein Fördearm; in früheren Zeiten hatte er sogar einen Bootshafen und bot einen schiffbaren Zugang zur Kieler Förde. Als die wachsende Stadt im 19. Jahrhundert mehr Fläche brauchte, verkleinerte sie den Kleinen Kiel durch den Bau von Brücken und Anschüttungen. Auch andere malerische Wasserarme, wie an der Holstenbrücke, wurden leider zugeschüttet und durch ein Rohrsystem ersetzt. Glücklicherweise erkennt Kiel immer mehr den Wert des Wassers als ihr außergewöhnliches Marken-

Hiroshimapark

Kleiner Kielkanal

zeichen. Die Stadt erobert sich das Wasser zurück – dazu auf unserer Tour später mehr.

Nachdem wir neue Kraft getankt haben, schlendern wir am Gewässer in Richtung Norden und treten auf den Lorentzendamm. Dort sticht ein prächtiges weißes, mit rotem Sandstein verziertes Gebäude ins Auge, das seit seiner Eröffnung 1894 der Justiz ein Zuhause bietet; aktuell beherbergt es das **Schleswig-Holsteinische Ministerium für Justiz und Gesundheit.** Auf dem aufgeschütteten moorigen Grund des Kleinen Kiels erbaute es der Architekt Walter Hesse im deutschen Renaissancestil. Auf einem Sockel aus Granit bilden Quader aus Rotsandstein einen kontrastreichen Rahmen für die verputzte Fassade und die Fenster. Auch das Eingangsportal ist von diesem Stein bekränzt.

In Sichtweite geradeaus fällt der Blick auf ein weiteres imposantes Gebäude; hier ist die Hauptfiliale der Förde Sparkasse untergebracht. Auf der kleinen Rasenfläche vor dem Gebäude steht ein Kunstwerk aus glänzendem Edelstahl; es reflektiert das einfallende Licht in alle Richtungen. Die **Skulptur „Wind-Licht-Projekt"** beauftragte 1972 die Sparkasse anlässlich der olympischen Segelwettbewerbe in Kiel. Die Künstler Hermann Göpfert und Johannes Peter Hölzinger übertrugen die mathematische Form einer Spirale in den Raum. Drei spiralförmige Linien winden sich bis zu einer Höhe von 8 Metern. Es lohnt sich, von außen nach innen zu gehen. Nach zwei Umrundungen erreicht man die Mitte, ist von glitzernden hohen Lamellen aus Edelstahl umgeben und nimmt das Außen gar nicht mehr wahr.

Am Martensdamm gehen wir am Kleinen Kiel entlang und genießen immer wieder neue fantastische Ausblicke auf das Rathaus. Kaum liegt das Wasser hinter uns, schließt sich auf der Holstenbrücke die neu gestaltete Kieler Mitte am 8 **Kleinen Kielkanal/Holstenfleet** an. Seit 2020 belebt der Kanal die Innenstadt. Der Holstenfleet wurde 2021 mit dem Landschaftsarchitektur-Preis ausgezeichnet, und wer das Areal vorher kannte, wundert sich nicht – der Preis ist absolut verdient! Wo früher der Verkehr über die Holstenbrücke brauste und ein Knotenpunkt des ÖPNV lag, wird heute am freien Wasser gechillt, flaniert und in den Lokalen mit Außengastronomie gespeist. Zwei raumgreifende Wasserbecken und Kanäle verbinden optisch den Kleinen Kiel mit dem Bootshafen, umgeben von Schilfbepflanzung, Flächen, Wegen und Sitzbänken aus nachhaltigem norwegischem Kebonyholz. Auf dieser Bühne des öffentlichen

Rathausblick am Martensdamm

Stadtlebens lohnt es sich zu verweilen und das Flair der City zu genießen.

Den Holstenfleet kreuzt die 9 **Holstenstraße,** in die wir nun rechts einbiegen. Seit dem 19. Jahrhundert ist sie die traditionelle Einkaufsstraße Kiels. Beim Wiederaufbau nach dem Zweiten Weltkrieg wurde sie stark verbreitert, zweigeschossige Ladenzeilen und schöne Plätze machten sie zum beliebten Ziel für Kauffreudige. Ende 1953 sperrte die Stadt mutig einen Teil der Straße für den Verkehr; als Folge stieg der Umsatz der dort gelegenen Geschäfte spürbar an. Daraufhin schuf die Kiel 1957 in der gesamten Holstenstraße die allererste Fußgängerzone in Deutschland. Jahrzehntelang war sie ein Aushängeschild. Dank der neuen Belebung der Innenstadt ist sie auch heute bei Shoppingfans beliebt. Ein Geschäft überdauerte alle Krisen – das Modehaus Ferdinand Meislahn. Seit 1882 residiert es in einem imposanten fünfstöckigen Gebäude aus Sandstein an der Holstenstraße, Ecke Holstenbrücke.

Holstenstraße

Wir schlendern die Holstenstraße in Richtung Süden hinunter und stellen uns vor, wie die Geschäftsauslagen in den 1960er-Jahren aussahen und wie die Menschen gekleidet waren. Auf der rechten Seite entdecken wir bald den 10 **Asmus-Bremer-Platz.** Der volksnahe Bürgermeister regierte von 1702 bis 1720 und baute Kiel zu einer wichtigen Hafenstadt aus. Heute kann man ihm im Schatten eines Baumes auf einer Bank Gesellschaft leisten – seit 1982 sitzt er dort als Bronzefigur, geschaffen von der Künstlerin Frauke Wehberg. Er hat schon viel beobachtet, gesehen und gehört: Zur Kieler Woche gibt es hier Livekonzerte auf einer Bühne und in der Adventszeit Buden eines der Kieler Weihnachtsmärkte.

Wir kehren auf die Holstenstraße zurück und folgen dieser bis zum nächsten Platz zur Rechten. Vor uns liegt nun der ⑪ **Europaplatz.** Den vormaligen Ostseehallenplatz benannte die Stadt anlässlich der Kieler Woche 1976, die unter dem Motto „Europa“ stand, um. In den 1980er-Jahren ließ sie ihn unter dem Motto „Wind und Wellen“ neu gestalten. Steinwälle wurden angelegt und in diese eine Brunnenanlage und drei Pavillons mit geschwungenen Dächern integriert. Bei schönem Wetter belagern Kinder den Brunnen und die vielfältige Außengastronomie lädt zum Verweilen ein. Manches wirkt wie aus der Zeit gefallen und das ist gut so – auch wenn der ein oder andere eine Neugestaltung des Platzes fordert.

Asmus-Bremer-Platz

Wir folgen den ansteigenden Pflasterwellen Richtung Westen den Weg Großer Kuhberg entlang, die metallisch funkelnde **Wunderino Arena** fest im Blick; die Ostseehalle wechselt ihre Namen je nach Sponsor. Auf unserem Spaziergang ist sie die letzte Station. Zur Kieler Woche 1951 weihte die Stadt die neue, nicht unumstrittene Halle ein, für die sie Teile eines Sylter Fliegerhorstes verwendete. Immer wieder wurde das Gebäude seitdem saniert und ausgebaut. Heute bietet es Platz für über 13.000 Besucher; diese pilgern zu den Heimspielen der ungemein erfolgreichen Handballmannschaft THW Kiel, besuchen Messen, Konzerte und vieles mehr.

Wir gehen weiter geradeaus auf der großen Straße Ziegelteich, die uns zu unserem Ausgangspunkt zurückführt, dem Exerzierplatz. Dort lassen wir den Blick noch einmal zum Rathaus schweifen und all das Gesehene und Erlebte Revue passieren. Spätestens jetzt sollte auch Zeit für eine längere Pause sein.

Europaplatz

2

START/ZIEL: Kirche Sankt Nikolai, Alter Markt, 24103 Kiel
LÄNGE: ca. 3 Kilometer
DAUER: ca. 2 Stunden
ÖPNV: Bushaltestelle Bootshafen
PARKEN: Q-Park Altstadt, Flämische Straße 15, 24103 Kiel

UNTERWEGS ENTDECKT

1. Kirche Sankt Nikolai
2. Bronzeplastik „Der Geistkämpfer“
3. Alter Markt
4. Dänische Straße
5. Kieler Kloster
6. Stadtmuseum Warleberger Hof
7. Ratsdienergarten
8. Zoologisches Museum Kiel
9. Kunsthalle
10. Schlossgarten
11. Kieler Schloss

ESSEN + TRINKEN

Café Fiedler, Am Alten Markt, 24103 Kiel, Tel. (04 31) 26 09 44 55, www.cafe-fiedler.de (seit 1920 in Familienhand – für alle, die das Süße lieben, gibt es hier feinste Kuchen, Torten, Pralinen in einer vielfältigen Auswahl)

Lüneburg-Haus, Dänische Straße 2, 24103 Kiel, Tel. (04 31) 9 82 60 00, www.lueneburghaus.de (fein speisen in einem restaurierten Traditionshaus mit Hirschkopf, fairer Mittagstisch)

Kieler Brauerei, Am Alten Markt 9, 24103 Kiel, Tel. (04 31) 90 62 90, www.kieler-brauerei.de (hier kann man deftig essen, beispielsweise ein rotes süffiges „Kieler Original“ – ein helles, herbes Pils – trinken und dabei das Brauen der Biere beobachten)

ALTSTADT UND PARKS

Kultur und Revolution

Als Landeshauptstadt von Schleswig-Holstein hat Kiel ein überaus reiches Kulturleben. Neben zahlreichen Museen, einem Schauspielhaus, einer Oper und einem Philharmonischen Orchester findet sich vielfältige erlebenswerte Subkultur in der studentisch geprägten Stadt. Viele beeindruckende Kulturstätten zeigen sich in der Altstadt und rund um den Schlossgarten gleich daneben. Es lohnt sich, sie mit offenen Augen zu entdecken, in die Geschichte und die Geschichten einzutauchen.

Wir treffen uns vor dem gewaltigen Eingangsportal der 1 **Kirche Sankt Nikolai.** Ganz klein fühlt sich, wer am 75 Meter hohen Turm emporblickt. Das würdevolle Bauwerk wurde vermutlich bereits 1241 gegründet und in der Mitte des 14. Jahrhunderts vollendet; am Ende des 19. Jahrhunderts wurde es neugotisch restauriert. Als geistliches Zentrum stand die Kirche früher mitten in der Altstadt. Bomben zerstörten sie 1944. Glücklicherweise gelang es zuvor, die wertvolle Innenausstattung in Sicherheit zu bringen; nach dem Wiederaufbau wurde sie zum viel bewunderten Blickfang. Heute steht das aus Backsteinen gemauerte Gotteshaus mitten zwischen modernen Gebäuden der Holstenstraße und des Alten Marktes.

Schlanke achteckige Pilzpfeiler tragen die flache Decke aus Stahlbeton. Das schlichte weiße Innere lässt die Kunstschätze wirken, wie den 1460 von einem unbekannten Meister geschaffenen prächtigen zweiflügeligen Altar. Dieser erzählt auf Bildtafeln Geschichten aus der Bibel und ist einer der wertvollsten mittelalterlichen Schätze Schleswig-Holsteins. Ebenfalls sehens-

Kirche Sankt Nikolai

Bronzeplastik „Der Geistkämpfer“

Alter Markt

wert sind das monumentale Triumphkreuz, die barocke Kanzel und ein Taufbecken aus Bronze, das auf kleinen aufgerichteten Löwen ruht. Links vor dem Altar hängt ein Nagelkreuz aus der britischen Stadt Coventry; es besteht aus drei Nägeln der nach einem deutschen Luftangriff zerstörten Kathedrale. Als erste deutsche Stadt erhielt Kiel 1947 dieses Zeichen der Versöhnung; Coventry ist seit 1967 Kiels Partnerstadt. Es tut gut, sich in eine Bank zu setzen und die Atmosphäre des Kirchenschiffs in Ruhe auf sich wirken zu lassen oder dem Spiel der Orgel zu lauschen.

Beim Heraustreten aus dem bedeutsamen Gebäude halten wir uns rechts. Vielleicht haben wir das Glück, dass gerade die Glocken läuten. Die „Auferstehungsglocke“ ist die schwerste Glocke Schleswig-Holsteins – sie wiegt rund 5800 Kilogramm – und läutet im Ton g.

Vor der Kirche nahe dem Alten Markt steht die 5,50 Meter hohe 2 **Bronzeplastik „Der Geistkämpfer“.** Der bekannteste Bildhauer Schleswig-Holsteins, Ernst Barlach, erschuf 1928 die expressionistische Skulptur, die ursprünglich ihren Platz an der Heiligengeistkirche des Franziskanerklosters hatte. Ein Bronzeengel mit Schwert steht auf einem Raubtier. Der in sich gekehrte, wachsame Engel und das löwenartige Tier versinnbildlichen, wie der reine Geist gegen die menschlichen Triebe ankämpft. Der NS-Staat rechnete Barlach zu den sogenannten „entarteten Künstlern“. Die Skulptur wurde 1937 demontiert, zuerst eingelagert, dann an eine Privatperson verkauft und so vor dem Einschmelzen bewahrt; eine Zeit lang wurde sie auf einem Bauernhof in Niedersachsen versteckt.

Nach dem Krieg kaufte die Stadt Kiel die Skulptur zurück; seit 1954 steht sie als Mahnmal vor der Kirche Sankt Nikolai.

Wir weiten unseren Blick in Richtung Norden zu einer offenen Fläche, auf der bei gutem Wetter buntes Treiben mit viel Freiluftgastronomie herrscht. Nach wenigen Schritten betreten wir den 3 **Alten Markt.** Dieser bildete früher mit dem Rathaus, der Kirche sowie Bürger-, Kontor- und Wirtshäusern einen schmucken Platz, erlebte aber einen Bedeutungsverlust. Denn nachdem Kiel 1871 zum Reichskriegshafen aufgestiegen war, wuchs die Bevölkerung rasant. Ein großes neues Rathaus wurde gebraucht, außerhalb gebaut und 1911 eingeweiht. Bomben zerstörten 1943 und 1944 das alte Rathaus und fast alle historisch wertvollen Bürgerhäuser. Der Markt wurde 1972 umgestaltet und

Dänische Straße

der Platz abgesenkt. Damit verschwanden die letzten historischen Spuren – die Backstein-Kellergewölbe wurden mit Pavillons überbaut. Diese erklärte das Land zum Denkmal, was zu kontroversen öffentlichen Diskussionen führte.

Wir verlassen den Platz und treten auf die 4 **Dänische Straße.** Den Übergang flankiert ein gusseiserner Kandelaber aus dem Jahr 1856, der letzte der früheren Gasbeleuchtung Kiels; inzwischen ist er elektrifiziert. Diese Straße wurde bereits 1242 angelegt, als Kiel das Stadtrecht erhielt. Sie verband den Markt mit dem Dänischen Tor am nördlichen Stadtrand und kam so zu ihrem Namen. Säumten sie im 13. Jahrhundert noch Buden und Lauben, zierten die Straße im 16. und 17. Jahrhundert teils adlige Giebelhäuser. Mit der Modernisierung des Straßennetzes und der Einführung der elektrischen Straßenbahn wurde die Dänische Straße zu Beginn des 20. Jahrhunderts von 6,50 auf 13 Meter verbreitert. Fast alle alten Gebäude wurden abgerissen und durch neue Häuser ersetzt. Nur zwei blieben stehen: die Nummer 19, der Warleberger Hof, und die Nummer 20. Dennoch verströmt die Straße bis heute historischen Charme und lädt zum Bummeln ein. Kleine, feine Fachgeschäfte, aber auch Lokale haben sich hier angesiedelt.

Bereits nach wenigen Metern öffnet sich die Straße zum Klosterplatz. Wir machen einen Abstecher zum direkt vor uns in der Falckstraße liegenden 5 **Kieler Kloster,** das bei Konzerten und zu Ausstellungen seine Türen öffnet. Der Begründer Kiels, Graf Adolf IV. von Schauenburg, ließ es im 13. Jahrhundert fast zeitgleich mit der Stadtgründung bauen. Der Schauenburger kämpfte 1227 bei Bornhöved, in der Nähe von Bad Segeberg, gegen ein dänisches Heer und drohte zu unterliegen. Er schwor: „Bei einem Sieg gehe ich in ein Kloster, werde Mönch!" Sein Heer siegte und er hielt Wort. Eine vor dem Klostergarten stehende Statue zeigt den Wandel vom Ritter zum Mönch; in der Nähe steht der „Lebensbrunnen". Nach dem Tod von Schauenburgs blieb das Kloster in Franziskanerhänden; 1530 übergab der Orden es an die Stadt. 1665 wurde die Klosterkirche zur Universitätskirche. Das baufällige Kloster wurde partiell im 18. Jahrhundert abgerissen. Der Turm von 1904, das mittelalterliche Gewölbe und Teile des Kreuzgangs stehen noch heute. Der Kreuzgang und das Refektorium erhielten 1994 ihre ursprüngliche Anmutung zurück. Seit 1999 klingt aus dem Turm ein Glockenspiel aus 50 Bronzeglocken, gespendet von Kieler Bürgern. Der Garten und der Kreuzgang verströmen eine angenehme Ruhe und Klarheit.

Café Fiedler

Stadtmuseum Warleberger Hof

Wir gehen zum Klosterplatz zurück. Nicht zu übersehen ist das traditionsreiche **Café Fiedler.** Für alle, die das Süße lieben, ist es ein Muss – mit feinsten Kuchen und Torten in einer großen Auswahl.

Wir folgen wieder der Dänischen Straße und blicken dabei auch zu den schönen Fassaden auf. Im Haus mit der Nummer 19 findet sich das 6 **Stadtmuseum Warleberger Hof.** Das von 2009 bis 2011 aufwendig sanierte Gebäude wurde bereits ab 1616 erbaut für Christoph Martens, den Amtsschreiber des Herzogs Friedrich III. von Schleswig-Holstein-Gottorf. Aus dieser Zeit erhalten geblieben sind das Mauerwerk mit seinem beeindruckenden Sandsteinportal und der schmucken Eichentür, bemalte Stuckdecken und Wandgemälde im Erdgeschoss. 1839 kaufte die Universität das Gebäude. Als die Dänische Straße 1909 verbreitert wurde, versetzte man die Fassade um 5 Meter zurück und kürzte das Haus. Im Jahr 1967 erwarb die Stadt Kiel den Warleberger Hof. Seitdem findet sich hier auf drei Etagen das städtische Museum mit Ausstellungen zur Stadtgeschichte. Das Gebäude selbst ist Teil der Sammlung, wie das Gewölbe im Keller mit einer Herdanlage und einer hölzernen Wasserleitung. Auch gibt es Räume mit historischen Seidentapeten und aufwendig bemalten Stuckdecken zu sehen.

Neben dem Gebäude steht vor dem Haus Nummer 21 (hin zu einem modernen Wohnviertel) eine blaugraue **Erinnerungsstele.** An dieser Stelle schlossen die Kriegsparteien Dänemark, Schweden und England den Kieler Frieden von 1814 – im Buchwaldschen Hof, der im Zweiten Weltkrieg zerstört wurde. An der Seite Frankreichs hatte Dänemark seit 1807 in den Napoleonischen Kriegen gekämpft; in den Friedensverträgen verlor es Norwegen an Schweden und viel von seiner vorherigen Bedeutung in Nordeuropa.

Wir kehren zur Dänischen Straße zurück und folgen ihr bis zu ihrem Ende. Vor dem Kirchenamt steht die anmutige **Skulptur der Kilia** des Bildhauers Eduard Lürssen. Sie gehörte zu einer monumentalen Brunnenanlage. Zur Linken blicken wir auf eine Grünfläche – den 7 **Ratsdienergarten.** Der Name erinnert an die Gärten, die früher dort lagen und von den Ratsdienern gepflegt wurden. Hier finden sich viele Skulpturen. Jörn Plickat schuf 2015 sechs Büsten; diese würdigen Kieler Nobelpreisträger wie die Chemiker Eduard Buchner und Otto Diels, den Mediziner Otto Meyerhoff sowie den Physiker Max Planck. In dieser grünen Oase mit mächtigen Bäumen mitten in der Stadt verbringen viele Kieler bei gutem Wetter ihre Mittagspause. Manch einer träumt vielleicht davon, auch einmal zu den geehrten Nobelpreisträgern zu gehören. Die modernste Skulptur wurde 1982 gestaltet. Sie erinnert an den Kieler Matrosenaufstand von 1918. Kurz vor der deutschen Niederlage im Ersten Weltkrieg meuterten die Matrosen gegen einen letzten sinnlosen Angriff; einige wurden verhaftet. Die Matrosen verbündeten sich nun mit den Arbeitern und den Sozialdemokraten. Soldatenräte und Arbeiterräte übernahmen die Macht. Der Funke aus Kiel wurde schnell zum deutschlandweiten Flächenbrand. Am 9. November 1918 wurde in Berlin die Abdankung des Kaisers verkündet. Die Weimarer Republik begann – die erste deutsche Demokratie. Kiel hat Geschichte geschrieben, ist die Wiege der deutschen Demokratie.

1912 gestaltete Heinrich Mißfeldt eine **Skulptur des Dichters Klaus Groth.** Er war Lyriker und Schriftsteller und gilt als Begründer der niederdeutschen Literatur.

Ratsdienergarten

Zoologisches Museum

Wir verlassen den Ratsdienergarten und gehen rechts in den Lorentzendamm, an dessen Ende biegen wir links in den Schlossgarten ab, eine breite Autostraße. Hier laufen wir wenige Meter bis zur Ampelkreuzung, wo wir uns in der Brunswiker Straße befinden. Auf der anderen Seite steht mit der Hausnummer 2 ein imposantes Gebäude von 1884; der Berliner Architekt Martin Gropius, ein Großonkel des bekannten Bauhausarchitekten Walter Gropius, entwarf es. Heute ist im Bauwerk die **Medizin- und Pharmaziehistorische Sammlung** untergebracht. Einst befand sich hier die prächtige Universitätsbibliothek mit einem Magazin von mehr als 500.000 Büchern; die Hälfte wurde vernichtet. Nach dem Krieg erhielt die Universität einen neuen Standort. Die ursprüngliche Bibliothek mit dem Magazin, das als riesiger Hohlraum mit einer fünfstöckigen Konstruktion aus Walzstahl und Gusseisen die Bücherregale aufnahm, wurde als Meilenstein der Architektur gefeiert. Immer wieder gibt es seither Überlegungen, das umgebaute Büchermagazin in seinen Ursprungszustand zurückzubauen.

Wir treten aus dem Gebäude, biegen links in die Hegewischstraße ein und freuen uns an der Ruhe, die uns in dieser Straße geschenkt wird. Wir statten dem 8 **Zoologischen**

Kunsthalle

Museum einen Besuch ab. Dieses prächtige Bauwerk wurde 1868 von Martin Gropius entworfen und von Heiner Schmiden realisiert. Das Museum ist innen und außen weitgehend im Originalzustand erhalten. Durch große Glasflächen im Dach fällt Licht und erhellt die zentrale Ausstellungshalle. Bei den zwei umlaufenden Galerien besteht der Boden aus dicken Glasplatten, die ebenfalls Licht durchlassen. Sehenswert ist nicht allein die einzigartige Sammlung mit rund 600.000 Exponaten aus drei Jahrhunderten, wie beispielsweise zwölf Skeletten verschiedener Walarten, sondern auch das Gebäude selbst mit seiner ganz besonderen Raumwirkung.

Wir folgen der Hegewischstraße noch wenige Schritte, bevor wir kurz vor dem imposanten Bauwerk der Augenklinik rechts in den Schlossgarten abbiegen. Hier gehen wir den Weg bis zum Ende und blicken links auf die 9 **Kunsthalle** im Düsternbrooker Weg 1. Der Architekt Georg Lohr erbaute sie 1907 bis 1909 als Museum mit Blick auf die Kieler Förde. Seit ihrer Gründung ist sie zugleich Sitz des Schleswig-Holsteinischen Kunstvereins, der den Grundstein für die Sammlung legte und dessen Mitglied Lotte Hegewisch mit ihrem Vermächtnis den Bau des heutigen Objektes ermöglichte. Nach den Zerstörungen im Krieg wurde es von 1955 bis 1958 wieder aufgebaut; 1986 kam ein moderner Erweiterungsbau dazu. Auch heute noch unterstützt der rund 1300 Mitglieder zählende Verein Ausstellungsprojekte der Kunsthalle und präsentiert eigene Ausstellungen. Rund 30.000 grafische Werke, Videoarbeiten und Fotografien, 1100 Gemälde und 300 Skulpturen umfasst die Sammlung; sie reicht von der Dürerzeit bis in die internationale Gegenwartskunst. Auch ein Besuch der regelmäßig wechselnden Ausstellungen lohnt sich.

Im 10 **Schlossgarten** findet sich der beschilderte Skulpturengarten der Kunsthalle. Auch gibt es in diesem Teil

Parkbänke, die mit Aussicht auf die Förde einen besonderen Erholungswert bieten. Immer wieder reibt man sich verwundert die Augen, wenn sich plötzlich ein riesiges Kreuzfahrtschiff im Blick verfängt; viele nehmen im Kieler Hafen ihre große Fahrt auf. Nachdem wir uns erholt haben, wählen wir den Weg mitten durch den Park in Richtung Süden. Früher als Lustgarten der Renaissance angelegt, wurde er zunächst zum Barockgarten und 1839 zu einem englischen Landschaftsgarten umgestaltet und für die Öffentlichkeit geöffnet. Die Pflanzungen des prächtigen alten Baumbestands reichen bis 1939 zurück. Mitten im Park thront unübersehbar ein **Denkmal** des Bildhauers Adolf Bütt mit Kaiser Wilhelm I. hoch zu Pferde. Im Beisein des Enkels, Kaiser Wilhelm II., wurde es 1896 eingeweiht, als Dank Kiels für die Befreiung von der dänischen Fremdherrschaft.

Nun verlassen wir den Schlossgarten und überqueren die Ampelkreuzung Schlossgarten/Prinzengarten. Etwa 100 Meter laufen wir die Dänische Straße hoch und steuern direkt auf die letzte Entdeckung dieses Spaziergangs zu,

Schlossgarten

Zar Peter III.

das 11 **Kieler Schloss.** Zunächst begegnen wir der **Skulptur des Kieler Zaren Peter III.** Der russische Künstler Alexander Taratynov hat sie erschaffen. Der Zar steht aufrecht neben seinem leeren Thron, der dazu einlädt, Platz zu nehmen – ein beliebtes Fotomotiv.

Auf dem **Schlossplatz** fällt ein großer Brunnen auf. Er heißt „Herbststimmung" und wurde von dem Flensburger Bildhauer Ulrich Beier gestaltet. Fünf bronzene Wasserspeier mit Durchbrüchen greifen sowohl die Formensprache markanter Baumgruppen im Schlossgarten als auch die moderne Schlossarchitektur auf.

Bis in die Zeit der Stadtgründung durch die Schauenberger Grafen in den 1230er-Jahren reicht die Geschichte des Schlosses zurück. Immer wieder bedrohten es Brand und Verfall. Im 18. Jahrhundert veränderte es sich durch einen Umbau bis zur Unkenntlichkeit. Das Schloss ging 1773 in die Geschichte ein: Die Gottorfer Herrschaft fand ihr formelles Ende, nachdem die Zarin Katharina auf ihre Ansprüche in Schleswig und Holstein verzichtete. Im Schloss vollzog sich der Übergabepakt an die dänische Krone. Prinz Heinrich von Preußen, der Bruder Kaiser Wilhelms II., residierte von 1888 bis 1918 im

EIN KIELER AUF DEM ZARENTHRON

Karl Peter Ulrich kommt 1728 im Kieler Schloss zur Welt, als Sohn des Herzogs von Holstein-Gottorf und einer Zarentochter. Mit elf Jahren wird der Vollwaise selbst Herzog. Seine Tante, die Zarin Elisabeth I., holt den Jungen 1742 nach Russland und macht ihn zum Thronfolger. Im Januar 1762 (nach unserer Zeitrechnung) besteigt er als Peter III. den Zarenthron und wird zum Sozialreformer. Ein halbes Jahr später stürzen und ermorden ihn Offiziere, wohl auf Betreiben seiner Frau; diese wird seine Nachfolgerin und schreibt Geschichte als Katharina die Große.

Kieler Schloss

Schloss; bei der Bevölkerung war er äußerst beliebt. Im Januar 1941 brannte das bedeutende Bauwerk der Renaissance nach einem Bombenangriff völlig aus, nur der Westflügel des sogenannten Rantzaubaus – richtigerweise Pelli-Bau nach seinem Erbauer – überstand das Inferno. Bei der Neuordnung Kiels wurde 1965 das Schloss mit einem sanierten Westflügel neu eröffnet, alle übrigen Teile wurden abgebrochen und durch einen Mehrzweckbau ersetzt. Das Areal erfuhr in jüngster Zeit eine Aufwertung – der angebaute Konzertsaal aus den 1960er-Jahren mit seiner einzigartigen Architektur, seiner ausgezeichneten Klangqualität und Platz für 1200 Kulturinteressierte wurde aufwendig saniert. Das Philharmonische Orchester, das seit 1907 besteht, spielt auf hohem musikalischem Niveau, ein Konzertbesuch lohnt sich. Regelmäßig musizieren namhafte Solisten und Gastdirigenten gemeinsam mit den Kieler Philharmonikern.

Wir überqueren den Platz und treten ein paar Stufen zur Fischerstraße hinunter. Dieser folgen wir einige Meter nach rechts, bevor wir die Schlossstraße Richtung Westen nehmen, die in die Straße **Alter Markt** übergeht. Von hier kehren wir zu unserem Ausgangspunkt zurück, der Kirche Sankt Nikolai.

3

START: Kiel/Schwedenkai (Terminal), 24103 Kiel
ZIEL: Bushaltestelle Landtag, 24105 Kiel
LÄNGE: ca. 5 Kilometer
DAUER: ca. 2 Stunden
ÖPNV: Bushaltestelle Andreas-Gayk-Straße; am Ziel: Bushaltestelle Landtag
PARKEN: diverse Parkhäuser, z. B. Karstadt-Parkhaus, Auguste-Victoria-Straße 9, 24103 Kiel, oder Fördeparkhaus, Parkhaus ZOB, 24103 Kiel

UNTERWEGS ENTDECKT

1. Schwedenkai
2. Sartori & Berger-Speicher
3. Kieler Hansekogge
4. Schifffahrtsmuseum
5. Ostseekai
6. Kiellinie
7. Aquarium Geomar
8. Badestelle Kiellinie
9. Landtag

ESSEN + TRINKEN

Lagom, Düsternbrooker Weg 38, 24105 Kiel, Tel. (04 31) 56 83 74, www.lagom-kiel.de (nordisch inspirierte außergewöhnliche Küche in chilliger Atmosphäre mit fantastischem Fördeblick)

Moby, Kiellinie 61 a, 24105 Kiel, www.mobykiel.de (Beachclub mit kreativen Fischgerichten und innovativem Seafood sowie Panoramablick)

ENTLANG DER KIELLINIE

Die Robbe, die Kogge und die Politik

Der Alltag in Kiel schenkt viel Meeresfeeling. Es weht meist eine frische Brise, die an Sommertagen Abkühlung bringt; ein Glitzern liegt dann über der Stadt und dem Wasser. Die maritime Prägung ist allerorten erlebbar. Sei es beim Spazierengehen, Schwimmen, Segeln, Rudern, Kajakfahren, bei einer Seehundfütterung oder beim entspannten Blick auf das Wasser. Auch bei unserem maritimen Walk entlang der Kiellinie zwischen Schwedenkai und Landtag, immer an der Kieler Förde entlang. An Sommertagen sollten uns Badekleidung, ein Handtuch, Sonnencreme und eine Kopfbedeckung begleiten.

Der Ausläufer der Ostsee reicht als 17 Kilometer langer, schmaler Fördearm weit in die Stadt hinein und geht über in den Kieler Hafen. Gletscherbewegungen der letzten Eiszeit formten den natürlichen Tiefseehafen, auf dem ein reger Schiffsverkehr beobachtet werden kann: Ruderboote, Segelboote, Nahverkehrsschiffe, Fähren nach Skandinavien und Kreuzfahrtschiffe aller Größen geben sich ein Stelldichein.

Unser Spaziergang beginnt am 1 **Schwedenkai,** der eine stolze Gesamtlänge von gut 700 Metern hat. Wer das durch Glasfassaden geprägte Gebäude von der anderen Straßenseite aus betrachtet, erkennt einen architektonisch

Am Schwedenkai

Sartori & Berger-Speicher

gewollten Schiffsbug. Das 2010 eingeweihte Terminalgebäude erfüllt vielfältige Serviceaufgaben, vorrangig für den Fährbetrieb der Stena Line auf der täglich gefahrenen Route zwischen Kiel und Göteborg, aber auch bei der Abfertigung von Kreuzfahrtschiffen. Zusammen mit dem Norwegenkai und dem Ostseekai bildet es die Drehscheibe im Handels- und Fährverkehr nach und von Skandinavien. Wenngleich wir nicht als Passagiere an Bord einer Fähre gehen, tauchen wir doch ein in diese Welt. Von der Straßenseite kommend, wenden wir uns der linken Gebäudeseite zu. Hier führt eine Stahltreppe auf eine im vierten Stock liegende, frei zugängliche Aussichtsplattform; alternativ gibt es im Gebäude einen Aufzug. Ist uns vielleicht das Glück hold und eine der großen Fähren legt an oder ab? Tatsächlich, kaum haben wir die beeindruckende Aussicht genossen auf das Ende des Hafenbeckens, bis zur Glasfassade des wellenförmigen **Hörncampus,** die Innenstadt, ein am Ende des Schwedenkais vertäutes Kreuzfahrtschiff und das **Kieler Ostufer,** kommt von der Ostsee her eine mächtige Fähre in Sicht.

Selbst Menschen, die eigentlich mit großen Pötten wenig anfangen können und sie ökologisch bedenklich finden, staunen, wenn sich eine riesige Schiffssilhouette langsam aus dem Meeresdunst herausschält. Es ist ein erhabenes Gefühl, als dieses gigantische Schiff wenig später fast zum Greifen nah vorbeifährt. Die Passagiere winken von Deck. An Land stehen Lastwagen und Autos bereit, die später im Bauch des Schiffes nach Schweden fahren wollen. Die Fähren und Kreuzfahrtschiffe beziehen Landstrom, sobald sie den Kieler Hafen erreicht haben; dadurch ist die Umweltbelastung durch den Schiffsverkehr deutlich gesunken.

Wir verlassen die Aussichtsplattform über die Außentreppe, halten uns rechts und gehen auf dem Fußweg des Schwedenkais an parkenden Lastern und Autos vorbei. Vor

Kieler Hansekogge

uns, mit der Adresse Wall 47/51, liegt das fünfstöckige Backsteingebäude des 1858 gegründeten Familienunternehmens ❷ **Sartori & Berger-Speicher.** Neben der Verwaltung der Hafenbetriebsgesellschaft finden sich in dem 1925/1926 erbauten Speicher auch die Landesbibliothek und das Landesamt für Denkmalpflege. Von der Hafenseite aus betrachten wir den imposanten, unter Denkmalschutz stehenden Bau. Die Fassade nimmt architektonisch auf die gekrümmt geführten Hafenbahngleise Rücksicht. Auf der Rückseite gliedern drei leicht zurückversetzte Ladetürme die Klinkerfassade in gleichgroße Gebäudeabschnitte. Laderampen an beiden Langseiten ermöglichten einen raschen Warenumschlag von den anlandenden Schiffen, den Eisenbahnwaggons in die Lagergeschosse und zurück auf Lastkraftwagen. In unserer Fantasie lassen wir diese quirlige Handelsstimmung aufleben, wenden uns der Förde zu, denn wer weiß: Liegt vielleicht auch heute ein Handelsschiff im Hafen?

Tatsächlich! Die ❸ **Kieler Hansekogge** ankert nahe dem Speicher, wenn sie nicht auf großer Fahrt ist. Sie ist der Nachbau einer Bremer Kogge von 1380, die 1962 in der Wesermündung gefunden wurde. Vom 12. bis zum 16. Jahrhundert waren die fast komplett aus Eichen gebauten Koggen die typischen Handelsschiffe auf Nord- und Ostsee. In ihrem Laderaum war Platz für gut 100 Tonnen Ladung wie

Heringe, Eisen, Zinn, Getreide, Honig, Waffen und Töpferwaren. Fernreisen waren im Mittelalter eine gefährliche Sache, vor allem wenn das Gepäck aus wertvollen Waren bestand. Oft lauerten Räuber auf Beute – an Land oder auf hoher See. Da war es für die Kaufleute einer Stadt oder einer Region besser, sich zusammenzutun; gemeinsam waren sie stärker, auch beim Verkaufen ihrer Waren am Ziel der Reise. Solche Fahrgemeinschaften von Ostsee- und Nordseehändlern standen am Anfang der Hansegeschichte und Schiffe wie die Kieler Hansekogge waren typisch für diese Zeit.

An Land wechseln sich moderne und alte Gebäude ab. Auf den historischen Hafenspeicher folgt seit 2002 unmittelbar der **Sell Speicher**, ein zweiteiliges sechs- und achtgeschossiges Bürogebäude ohne Patina, das in einer modernen Formensprache Anleihen bei alten Hafenspeichern macht. Lange verweilen die Augen jedoch nicht, denn sie haben bereits ein wunderschönes historisches Ensemble entdeckt – das Kieler 4 **Schifffahrtsmuseum,** das seit 1978 in der ehemaligen Fischauktionshalle sein Zuhause hat. Besonders ins Auge fallen das markante hohe Dach und der in rot-weißen Streifen gemauerte Anbau mit einer Aussichtsterrasse hin zum Wasser. Die vom Stadtbaurat Georg Pauly entworfene **Fischauktionshalle** sollte ab

Schifffahrtsmuseum

Am Ostseekai

1910 den Fischhandel auf einen Ort konzentrieren. Sie erfüllte diese Erwartungen jedoch nicht, denn sie war zu klein für Auktionen und für mögliche Mieter wenig attraktiv. Als der Fischmarkt 1948 an die Schwentinemündung umzog (mehr dazu im Spaziergang 8), verlor das Gebäude seine Funktion und stand lange leer. Fast wäre es dem Abriss zum Opfer gefallen, aber schließlich wurde es 1972 unter Denkmalschutz gestellt und gerettet. Seit 1978 ist hier das Schifffahrtsmuseum zu Hause. Mehrere Jahrhunderte Seefahrtsgeschichte lassen sich erleben und Original-Ausstellungsstücke bestaunen, wie der Anschütz-Kreiselkompass. Drei Oldtimerschiffe – der Seenotkreuzer Hindenburg, das Feuerlöschboot Kiel und der Tonnenleger Bussard – gehören zum Museum; in den Sommermonaten liegen sie direkt vor der Tür im Museumshafen.

Links vom Museumsgebäude lohnt es sich, hinter dem Leuchtfeuer des ehemaligen Feuerschiffes Kiel die Treppen der wenig schmucken **Aussichtsterrasse** hochzusteigen. Von hier wird uns ein weiterer schöner Blick auf die Kieler Förde geschenkt. Am gegenüberliegenden Ostufer liegen die Stadtteile, die durch den Werftbau und die Marine geprägt wurden.

Wir gehen weiter geradeaus. Vor uns im Hafenbecken liegt ein imposantes Kreuzfahrtschiff. Es vergeht kaum ein Tag, an dem Kiel nicht von diesen schwimmenden Kleinstädten angesteuert wird. Die Welt kommt dann nach Kiel und legt an einem der beiden Schiffsliegeplätze des Terminals am 5 **Ostseekai** an, bei einer durchgehenden Wassertiefe von 10 Metern. Durch diese Schiffe hat Kiel einen touristischen Aufschwung genommen. Mit 1,2 Millionen Kreuzfahrtpassagieren an den verschiedenen Terminals stellte der Kieler Hafen 2023 einen Rekord auf.

Ein kurzes Wegstück führt uns an einer viel befahrenen Straße entlang – zur Linken liegt das Areal des Kieler Schlosses, das wir im Spaziergang 2 erkunden. Schon bald erreichen wir den Startpunkt der 6 **Kiellinie,** die den Fußgängern und Radfahrern vorbehalten ist. Diese Flaniermeile entlang der Kieler Förde ist 3,5 Kilometer lang und führt vom Ostseekai bis zur Landesregierung und dem Düsternbrooker Gehölz, das wir in Spaziergang 6 kennenlernen. Hier ist das Maritime, hier sind die Förde, der Wind und die Schiffe aller Größen zum Greifen nah. Als Aushängeschild der Stadt ist die Kiellinie Hauptanziehungspunkt bei der Kieler Woche und auch überregional bekannt. Erst zu den olympischen Segelwettbewerben 1972 wurde der Beschluss von 1951 umgesetzt, das Fördeufer als Promenade zu gestalten. Seitdem verbindet eine elegant geschwungene Fußgängerbrücke die Kiellinie mit dem Schlossgarten. Die Promenade wurde 1998 umfassend saniert. Im Jahr 2022 wurde ein Planungswettbewerb zur Neugestaltung der Kiellinie angestoßen. Der Entwurf der Preisträger wird nach einer Anpassung schrittweise umgesetzt. Er berücksichtigt unter anderem Aspekte des Klimawandels und der Nachhaltigkeit. Viel hat sich bereits jetzt zum Positiven gewandelt.

Kiellinie

3 ENTLANG DER KIELLINIE

Im ersten Abschnitt der Promenade liegen auf der linken Seite **Vereinshäuser von Ruder- und Segelklubs** wie dem Akademischen Ruderverein Kiel, auch mit gastronomischem Angebot für alle, wie der Seeburg Biergarten mit wunderbarem Fördeblick. Hier zeigt sich die Bedeutung Kiels als Hochschulstandort, denn viele Klubs richten sich vornehmlich an Studenten oder Akademiker. Zur Rechten liegen mehrere Seglerhäfen wie als Erster der Sporthafen Kiel oder Anlegebrücken für den öffentlichen Nahverkehr auf der Förde mit Schiffen.

Schon erreichen wir das 7 **Aquarium Geomar** mit dem Seehundbecken. Im Olympiajahr 1972 wurde es eröffnet und von 2006 bis 2008 modernisiert. Rund 15 Schaubecken widmen sich dem Lebensraum der Meeresbewohner, der Schwerpunkt ist die Ostsee. In fünf Becken mit realen Naturbedingungen – Temperatur, Wasser und Licht – werden typische Flora und Fauna gezeigt wie Fische und Wasserpflanzen. Im Rundbecken „Kieler Hafen" zieht ein Heringsschwarm

Aquarium Geomar

Badestelle Kiellinie

als einer der weltweit einzigen in Gefangenschaft mit Hunderten Fischen seine Kreise. Einzelne Becken gehören den Bewohnern der Nordsee, des Mittelmeeres oder der Tropen. Auch ein reines Quallenbecken gibt es; die faszinierenden Meereswesen existieren seit rund 650 Millionen Jahren. Am beliebtesten sind die Seehunde, die man in den zwei Außenbecken sehen kann. Bei den spielerischen Seehundfütterungen – täglich außer freitags um 10 Uhr und 14.30 Uhr – lassen sich die Tiere gut beobachten. Zwischendurch ziehen sie sich auch gern in ihr inneres, nicht einsehbares Becken zurück. Unglaubliche 250.000 Liter Ostseewasser fasst ihr Zuhause; stündlich werden 50.000 Liter durch frisch gefiltertes, aus der Kieler Förde stammendes Wasser ersetzt. Zu den Fütterungszeiten versammeln sich viele Kinder, aber auch einige Möwen. Der Tierpfleger lässt die Seehunde kleine Kunststücke zeigen, als Belohnung bekommen sie einen Fisch. Aber sie haben Konkurrenten – wehe, sie sind nicht schnell genug, dann schnappen sich im Sturzflug heranse-

Landtag

gelnde Möwen den Leckerbissen. Nachdem wir uns an den putzigen Seehunden erfreut haben, schlendern wir weiter oder wählen eine der vielen Bänke für eine kleine Pause, um den Blick träumerisch auf dem Wasser verweilen zu lassen.

Die Kiellinie wartet mit einer weiteren Lebensqualität auf: Mitten im Herzen der Landeshauptstadt können die Wasserratten unter uns ins kühlende Nass springen. Hinter dem Vereinshaus der Kanu-Vereinigung Kiel liegt die bewachte 8 **Badestelle Kiellinie.** Hier gibt es einen 20 Meter langen Badesteg, eine Badetreppe zum komfortablen Ein- und Ausstieg aus dem Wasser und einen abgetrennten Badebereich von 30 mal 35 Metern. Bunt gestreifte Holzkabinen aus Holz erleichtern das Umziehen; Liegen und Sitzmöglichkeiten laden danach zum Erholen ein. Die Wasserqualität wird regelmäßig kontrolliert. Besonders schön ist: Das Angebot kostet nichts. Eine weitere, allerdings unbewachte Badestelle findet sich beim Fähranleger Bellevue. Dieses niederschwellige Angebot wird gut angenommen: Tatsächlich lockt der Gedanke, sich als Pause auf unserem Spaziergang ins kühle Nass zu stürzen. Einheimische nutzen die Möglichkeit gern und erfrischen sich beispielsweise direkt nach der Arbeit mit einem kühlenden Bad in der Förde. Direkt hinter der Badestelle gibt es ein kühlendes Nass in anderer Form: Im **Beachclub Moby** kann man sich nach dem Schwimmen im Strandkorb ausruhen, essen und trinken oder, wer eine weitere sportliche Herausforderung sucht, Beachvolleyball spielen.

Wir schlendern jedoch weiter geradeaus und nähern uns bald dem „Haus an der Förde", wie der 9 **Landtag** von Schleswig-Holstein gern genannt wird. Ganz nahe können wir der Landespolitik kommen, denn das terrassierte Rasengelände mit mächtigen Einzelbäumen ist frei zugänglich. Wir staunen über die gelungene architektonische Verknüpfung von Vergangenheit und Gegenwart und fragen uns: Wo sonst können Politiker bei langwierigen Debatten ihren Blick aus dem gläsernen Plenarsaal auf das Blau des Meeres richten? Dass im Schleswig-Holsteinischen Landtag alles entspannt zugeht, wie allgemein im Norden, gehört vermutlich zu den Mythen, denn auch hier ringen die Parteien oft lange, bis beispielsweise ein neues Gesetz beschlossen ist. Das Gebäude war ursprünglich eine kaiserliche Militärakademie. Von 1883 bis 1888 wurde es errichtet, der Architekt ist unbekannt, sein Werk jedoch eindrücklich: ein mächtiger Ziegelbau im Stil des Historismus, innen und außen künstlerisch aufwendig gestaltet und mit modern ausgestatteten Räumen. Die Akademie eröffnete 1888 – im sogenannten Dreikaiserjahr, in dem drei Kaiser kurz hintereinander das junge Deutsche Reich regierten. Bis 1910 wurden hier die kaiserlichen Offiziere aus- und weitergebildet. In der NS-Zeit war das Gebäude Sitz des Ostsee-Marinekommandos und wurde im Zweiten Weltkrieg durch Bomben schwer beschädigt. Nach dem Wiederaufbau wurde es 1950 Sitz des Schleswig-Holsteinischen Landtags, der Staatskanzlei und des Ministerpräsidenten; seit 2006 ist hier nur noch das Parlament untergebracht. Im Jahr 2003 wurde der gläserne Plenarsaal in Richtung der Kieler Förde eröffnet – als deutlich sichtbares Symbol, dass Demokratie transparent sein soll. Es lohnt sich, den Landtag zu umrunden, um einen Eindruck vom Gesamtensemble und bei einem Besuch der wechselnden Kunstausstellungen auch Einblicke ins Innenleben zu bekommen.

Hier, an diesem erhabenen Ort mit Blick auf die Kieler Förde, endet der offizielle Teil unseres Spaziergangs. Bei schönem Wetter lohnt es sich auf jeden Fall, noch ein paar

KRUSENKOPPEL

Oberhalb des Landtags ist eine ehemals landwirtschaftliche Koppel seit 1900 ein Park im Stil eines englischen Landschaftsgartens. Der Landwirt Kruse vermachte sie der Stadt; im Volksmund heißt der Park daher Krusenkoppel. Seit 1950 gibt es auch eine Freilichtbühne mit rund 2000 Sitzplätzen. Hier finden im Sommer viele Veranstaltungen statt, vor allem während des Schleswig-Holstein-Musik-Festivals und der Kieler Woche. Dann wird der Park zur „Spiellinie“ mit einem riesengroßen und fantasievollen Open-Air-Kulturangebot für Kinder.

Krusenkoppel

Meter entlang der Kiellinie weiter geradeaus zu gehen, bis zur **Blücherbrücke.** Hier haben sich einige gastronomische Betriebe angesiedelt. Ausgesprochen originell und entspannt ist der **Sandhafen,** die einzige komplett schwimmende Strandbar Deutschlands. Auf einem umgebauten Seecontainer gibt es leckere Drinks, Kaffee und frische Hafenbrote. Mit wunderbarem Blick auf die Kieler Förde und Skyline kann man hier essen und trinken – ein passender Abschluss für unsere maritime Tour.

Mit der Fördefährlinie geht es ab der Brücke Reventlou zurück bis zum Halt **Bahnhofsbrücke.** Öffentlicher Nahverkehr auf dem Wasser – wo gibt es das sonst? Es empfiehlt sich, diese originelle Möglichkeit der Fortbewegung zu nutzen und sich den Wind um die Ohren wehen zu lassen. Wer noch nicht genug Bewegung hatte, dem sei der Rückweg zu Fuß ans Herz gelegt. Der Blick auf das Wasser in entgegengesetzter Richtung hält manch neuen überraschenden Ein- und Ausblick bereit.

4

START: Bushaltestelle Leibnizstraße, 24118 Kiel
ZIEL: Bushaltestelle Am Botanischen Garten, 24118 Kiel
LÄNGE: ca. 3,5 Kilometer
DAUER: ca. 2,5 Stunden
ÖPNV: Bushaltestelle Leibnizstraße; am Ziel: Bushaltestelle Am Botanischen Garten
PARKEN: mehrere Parkmöglichkeiten in der Olshausenstraße, 24118 Kiel

UNTERWEGS ENTDECKT

1. Kunstwerk „Wasserobjekt"
2. Sportforum
3. Kunstwerk „Windbewegtes Objekt"
4. Universitätsbibliothek mit Lichtinstallation
5. Plastik „Zwei Linien aufwärts"
6. Botanischer Garten
7. Skulpturen im Botanischen Garten
8. Schaugewächshäuser
9. Freilandreviere und Themengärten

ESSEN + TRINKEN

Brot & Bohne, Bäckerei Steiskal, Leibnizstraße 2, 24118 Kiel, Tel. (04 31) 60 10 87 96, www.baecker-steiskal.de (in loungiger Uniatmosphäre Kaffee und Backwaren genießen)

Campus Suite Sportforum, Olshausenstraße 74–75, 24118 Kiel, Tel. (0 40) 23 85 83 80, www.campussuite.de (leckere Kaffeespezialitäten und Snacks mit Blick auf das Olympiaschwimmbecken)

KUNST UND BOTANIK AN DER UNI

Auf den Spuren von Skulpturen

Viele junge Menschen bringen buntes Leben in die Stadt. In Kiel mit seinen rund 250.000 Einwohnern gibt es etwa 36.000 Studenten. Vier Hochschulen bieten über 260 verschiedene Studiengänge. Die meisten studieren an der Christian-Albrechts-Universität zu Kiel (CAU). Die Gebäude sind von Kunstwerken, grünen Wiesen und zwei Teichen umgeben und werden vom Botanischen Garten der Universität flankiert. Auch Nichtstudenten können auf dem Gelände Uniluft schnuppern, Sport machen, Kunst und Botanik genießen. Ein Highlight auf diesem Spaziergang sind die Schaugewächshäuser im Botanischen Garten.

Rund um unseren Startpunkt sind die Wege gesäumt von weiten Rasenflächen und mächtigen Bäumen, zwischen denen größere kubische, funktionale Gebäude und Kunstwerke der Universität stehen, meist aus den Siebzigerjahren. Heute an einem Sonntag ist deutlich weniger los als sonst, doch auch jetzt begegnet man Wissenshungrigen, denn viele Universitätsgebäude sind für die Studenten sieben Tage die Woche zugänglich.

Wir starten an der **Bushaltestelle Leibnizstraße** und gehen zurück zu der Hauptstraße **Olshausenstraße,** der wir nach links folgen. Nach wenigen Metern zweigen wir links in den **Schwarzen Weg** ein. Hier treten wir an den größeren der zwei Teiche, in den sich eine Kaskade ergießt. Das Wasserspiel lässt sich gut von der erhöhten Terrasse des Sportforums aus beobachten. Vor dem Teich biegen wir daher rechts ab und folgen der Ausschilderung Sportforum die Treppen hinauf. Wir gehen zunächst auf die der Kaskade zugewandte Terrasse und betrachten das Schauspiel von oben. Das Wasser kommt aus dem 1977 von den Künstlern Herrmann Goepfert und Johannes Peter Hölzinger geschaffenen Edelstahl-Kunstwerk mit dem schlichten Titel 1 **„Wasserobjekt“.** Die beiden bekamen die Aufgabe, das

„Wasserobjekt“

Gewässer mit Sauerstoff anzureichern. Das Ergebnis ist eine 12,5 Meter hohe, schlanke Stele, die waagrechte Metallplatten gliedern. Das Wasser aus dem Teich wird nach oben gepumpt, fließt entlang der Stele nach unten, trifft dabei auf die Metallplatten und fällt auf die Oberfläche des Teichs. Der lineare Fluss des Oberflächenwassers wird gestört, der Sauerstoffgehalt erhöht sich. Von unserem erhöhten Standpunkt aus sehen wir eindrücklich, wie das auf den Teich prallende Wasser Schwingungen erzeugt.

Im 2 **Sportforum** lassen sich Wasserspiele anderer Art beobachten. Dieses architektonisch ungewöhnliche Gebäude wurde 1976 eröffnet und 2008 unter Denkmalschutz gestellt. Die Architekten realisierten ein Konzept der „radikalen Offenheit" – das Bauwerk sollte durch die in Glas aufgelös-

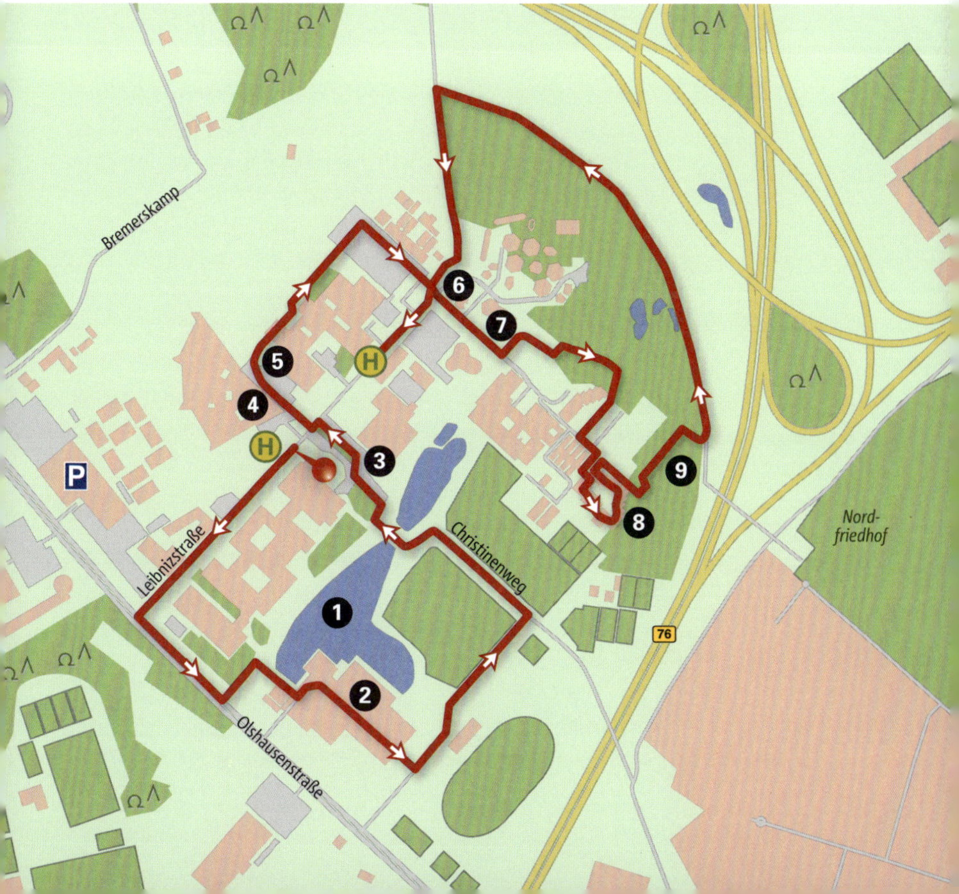

Sportforum

ten Fassaden mit der Umgebung verschmelzen. Die Dachformation erinnert an die Höhenlinie eines Gebirgszuges. Die Offenheit kann wörtlich verstanden werden, viele Angebote des Sportforums nutzen auch Nichtstudenten. Auch am Wochenende – das Sportforum hat vormittags geöffnet – herrscht quirliges Treiben. Zuschauer stören nicht, sie können auf der oberen Ebene, die in allen Hallen die große Tribüne abschließt, die Sporttreibenden beobachten. Auch von draußen ist dies möglich. Das lichtdurchflutete Schwimmbad zeigt die gelungene Konstruktion des Gebäudes am eindrücklichsten; es ist von ausladenden Glasflächen umgeben. Durch die bewegte Dachformation hat der 10 Meter hohe Springturm Raum. Eine verschiebbare Brücke kann das I-förmige Schwimmbecken in Olympiagröße unterteilen. Im Selbstbedienungscafé Campussuite gibt es Essen und Trinken, bevor es weitergeht. Wir steigen draußen die Richtung Teich gerichteten Stufen hinab und halten uns auf dem Schotterweg geradeaus.

Zwischen dem großen und dem kleinen Teich liegt der **Christinenweg,** diesem folgen wir mit Blick auf das nächste Kunstwerk geradeaus, mit kleinen Kurven. Hier steht vor der Mensa ein futuristisch anmutendes Edelstahlkunstwerk mit dem Titel 3 **„Windbewegtes Objekt".** Der Bildhauer Hein Sinken erschuf es 1972; in dieser Phase seines künstlerischen Wirkens rückte er die Gesetze der Geometrie in den Mittelpunkt. Sein Werk erinnert an eine große Windmaschine, die aus drehbaren Zylindern und offenen Halbkugeln besteht. Das von der Wirkung hochkomplexe Raumknäuel setzt sich aus einfachen geometrischen Grundformen zusammen. Bereits wenig Wind reicht, um die Objekte zu bewegen, neu zu ordnen und Durchblick zu schaffen. Rund um das Kunstwerk laden Parklets zum Sitzen ein.

Wir bleiben auf dem Christinenweg, vorbei an einer kleinen Kiefernallee, und steigen die Treppenstufen hinauf zu der 2001 neu erbauten 4 **Universitätsbibliothek mit Lichtinstallation** in der Leibnizstraße 9. Das Ungewöhnliche ist eine abkippende Rückfassade aus Glas, vor die ein Raster aus Sonnenschutzelementen gesetzt ist. Im Innern gibt es in der größten Bibliothek Schleswig-Holsteins einen Bestand von fast 2,5 Millionen Büchern. Bis auf wenige Präsenzbestände sind alle Werke entleihbar, nicht nur von Studenten. Selbst an Sonntagen ist die Bibliothek den ganzen Tag geöffnet (außer im März, August und September). Auch

„Windbewegtes Objekt"

Universitätsbibliothek

Botanischer Gart

„Zwei Linien aufwärts“

ohne Leseausweis darf man sie betreten und sich mit einem Buch der Wahl in den Lesesaal setzen. Auf der Fassade über dem Eingang steht in Großbuchstaben: „MANCHE LEUCHTEN", was verwirren kann. Aber wer um die Ecke denkt und liest, der findet die Fortsetzung: „WENN MAN SIE LIEST". Dieses Zitat des Schriftstellers André Gide aus dem Jahr 1897 leuchtet hell, wenn es dunkel wird vor der Bibliothek. Diese hintersinnige Installation erschuf die Künstlerin Elsbeth Arlt, die vor allem durch ihren subtilen Umgang mit Bild und Wort gerühmt wurde. Auch am Tage wirkt das Zitat kraftvoll und lässt darüber nachdenken, welche Bücher im eigenen Leben eine prägende Leuchtkraft entwickelt haben.

Schräg gegenüber steht vor dem Institut für Physik ein weiteres, zunächst unauffälliges Kunstwerk. Die windkinetische Plastik aus Edelstahl heißt 5 **„Zwei Linien aufwärts".** Ohne Erklärung erschließt sie sich nur schwer und wirkt zunächst unspektakulär. Der amerikanische Künstler George Rickey erschuf sie 1977. Zwei dreikantige Zeiger, die nach oben spitz zulaufen, bewegen sich langsam und minimalistisch im Wind. Sie sind im unteren Bereich jeweils an einem einzigen Punkt so befestigt, dass sie sich drehen, ohne dass sie einander berühren. Es ist faszinierend, ihre immer neue Ordnung zu betrachten.

Hinter dem Kunstwerk nehmen wir einen **schmalen Plattenweg,** der am Physik-Institut vorbeiführt. Das Gebäude erinnert an ein Raumschiff; die Fassade ist geplättet mit unzähligen quadratischen weißen Kacheln. Der große, von außen etwas einsehbare Hörsaal trägt den Namen des Nobelpreisträgers Max Planck; dieser war von 1885 bis 1889 Physikprofessor in seiner Geburtsstadt Kiel.

Am Ende des Weges überqueren wir einen Parkplatz, gehen rechts in die Straße **Am Botanischen Garten** und steuern direkt auf den Eingang des 6 **Botanischen Gartens** zu. Dieser gehört zur Christian-Albrechts-Universität und wurde bereits 1669 gegründet. In sieben Schaugewächshäusern und auf etwa 8 Hektar Außenfläche können Interessierte faszinierende Einblicke in die Pflanzenwelt aller

4 KUNST UND BOTANIK AN DER UNI

„Blattform – Blattgrün“

Erdteile bekommen. Die Grünanlage ist jeden Tag ab 9 Uhr geöffnet und kostet keinen Eintritt. Unglaubliche 14.000 Pflanzenarten werden hier gezüchtet. Die Sammlung vermittelt einen Überblick über die Evolution von Pflanzen, die wichtigsten Pflanzenfamilien weltweit und zeigt pflanzengeografische Zusammenhänge auf. Hier lernen nicht nur Studenten. Bei unserem Spaziergang geht es darum, erste Eindrücke von der angebotenen Vielfalt zu bekommen, uns an dem Grünen und Blühen zu erfreuen, aber dabei einen Schwerpunkt auf die 7 **Skulpturen im Botanischen Garten** zu legen. Viele Werke zeitgenössischer Künstler lassen sich hier entdecken. Auch lohnt es sich, in den Schaugewächshäusern genau hinzusehen, ob es sich um Pflanzen- oder um von Menschen erschaffene bildende Kunst handelt. Von März bis September finden in den Häusern jährlich wechselnde Ausstellungen zum Spannungsfeld zwischen Natur und Kunst statt, die immer wieder symbiotische Wirkung haben.

Kunstvoll ist bereits der **Haupteingang** des Gartens mit dem schmiedeeisernen Tor, gefertigt vom Künstlerehepaar Lange. Als Vorlage dienten ihm die Butterbäume im Afrika-Schaugewächshaus. Hier liegt die kostenlose Besucherinformation mit Gartenplan zum Mitnehmen bereit.

Wir folgen dem Weg Am Botanischen Garten und zugleich der Ausschilderung zu den Schaugewächshäusern. An den Backsteingebäuden der „Kieler Forschungswerkstatt“ macht der Weg eine kleine Rechtskurve. Direkt dahinter taucht das nächste Kunstwerk mit dem Namen **„Blattform – Blattgrün“** auf. Aus Stahl, Farbe und Glas schuf Dr. Peter Bergmann 2018 diese zweiteilige, pflanzenähnliche Skulptur in Negativ- und Positivform. Die Positivform ist abwechslungsreich und farbig gestaltet. Der Farb- und Formenreichtum des Werks weist auf den Pflanzenreichtum des Botanischen Gartens hin.

Überall am Wegrand finden sich die überraschendsten Kunstwerke: üppig blühende Blumen, faszinierende Bäume und Pflanzen in thematisch angelegten Beeten, die mit botanischen Namen und erklärenden Hinweisen versehen sind. Es lohnt sich, den Blick schweifen zu lassen und auch immer wieder an den Blüten zu riechen. Wir folgen dem Weg halb rechts zu den Schaugewächshäusern. Auf einem kleinen Platz vor dem Arzneipflanzengarten steht die etwa 1,80 Meter hohe Sandsteinskulptur **„Urkraft“.** Die Bildhauerin Gisela Milse schuf sie 2004. Organisch geformt, in der Körpermitte stilisiert, erinnert sie an den Körper einer Frau, an ihre weibliche Kraft der Fortpflanzung und des Wachstums. Zugleich weckt die Skulptur Assoziationen zu wachsenden Pflanzen, zu ihrer Maserung, ihrem Wurzelgeflecht. Es gibt nur reiche, runde Formen und eine Asymmetrie

„Urkraft“

4 KUNST UND BOTANIK AN DER UNI

„Refugium"

durch eine leichte Drehung um die eigene Achse. Die Skulptur stellt einen Zusammenhang her zwischen der Kraft der Natur und der schöpferischen Kraft des Menschen.

Wer Interesse und ausreichend Zeit mitgebracht hat, macht nun einen Abstecher zum **Arzneipflanzengarten.** Hier finden sich Gewächse, die von alters her medizinisch eingesetzt wurden.

Wir gehen auf unseren Hauptweg zurück und folgen ihm bis zur Weggabelung. Hier biegen wir rechts ab zu den Schaugewächshäusern. In Blickkontakt mit diesen findet sich eine besonders eindrückliche Skulptur, die der Bildhauer Jo Kley schuf, der in Kiel lebt und arbeitet. Fünf Stockwerke wächst das Bauwerk aus schwarzem Larvikit mit dem Titel **„Refugium"** in die Höhe. Der Stein stammt meist aus den norwegischen Bergen, dort hat ihn die Natur vor rund 300 Millionen Jahren geformt. Die fünf Elemente wechseln in sich mehrfach die Richtung, werden nach oben immer schmaler und scheinen ineinander verschachtelt zu sein, wodurch die Skulptur lebendig wirkt. Auch sie weckt die Assoziation zum Wachstum der Pflanzen. Der Künstler zeigt das zwiespältige Verhältnis von gewachsener und vom Menschen geformter Umwelt.

Amerikahaus

4 KUNST UND BOTANIK AN DER UNI

Wir betreten den Eingang der 8 **Schaugewächshäuser,** die alle miteinander verbunden sind und sich um einen idyllischen Innenhof mit Seerosenteich gruppieren. Nun startet unsere sinnenreiche Rundreise durch die unterschiedlichsten Vegetationszonen der Welt. Das Staunen ist groß über die Schönheit und Vielfalt der Natur. Immer wieder blitzt die Erkenntnis auf: „Die Pflanzen sind auf diesem Spaziergang die eigentlichen Kunstwerke." Das **Tropenhaus** ist 18 Meter hoch und rund 800 Quadratmeter groß. Hier haben wir das Gefühl, in einem Dschungel unterwegs zu sein. Da schlingen sich Lianen und reifen Bananen, da wächst Kakao und blühen üppig Orchideen. Bei saunaartigem Klima findet sich hier eine einmalige Tropenpflanzenschau aus Asien, Afrika, Mittel- und Südamerika. Ganz anders ist die Vegetation im **Nebelwaldhaus,** das bei etwa 16 Grad, aber extremer Luftfeuchte von rund 90 Prozent die Flora aus den Hochgebirgslagen der Tropen zeigt. Es dominieren gewächshaushohe Baumfarne und Pflanzen, die wiederum auf anderen Pflanzen wachsen.

Nun betreten wir das **Mediterranhaus** und wähnen uns im Sommerurlaub. Aromatisch duftet es nach Eukalyptus, Myrte und Lorbeer. Die in Purpur blühende Bougainvillea rankt sich üppig an der Gewächshauswand empor, die Korkeiche und ein Johannisbrotbaum sorgen für Fernweh. Bei Sommertemperaturen von 15 bis 30 Grad und Wintertemperaturen, die nachts bis auf 5 bis 10 Grad absinken können, lebt hier die Vegetation aus den sogenannten Winterregengebieten der Erde.

Im **Subtropenhaus** wachsen neben Palmfarnen, die zu den lebenden Fossilien gehören, viele Nutzpflanzen wie Kaffee, Tee, Baumwolle, Passionsfrucht und Zitrusgewächse. Das Mittelbeet beherbergt die Flora der Atlantischen Inseln, bietet unter anderem Drachenbäume, Kanarenkiefer, Begonien und Sansevarien.

Im **Amerikahaus** finden sich vorrangig Pflanzen der Trockenregionen Amerikas. Für eindrucksvolle Säulen- und Kugelkakteen und prächtige Agaven herrschen das ganze Jahr ideale Wachstumsbedingungen: hohe Tages- und

Im Botanischen Garten

niedrige Nachttemperaturen – im Winter 5 bis 10 Grad – sowie eine geringe Luftfeuchte von 30 Prozent.

Das **Afrikahaus** widmet sich den Wüsten und Halbwüsten Afrikas und zeigt vergleichbare klimatische Bedingungen wie im Amerikahaus. Hier wachsen Pflanzen, die sich vielfältig an extrem niederschlagsarme Standorte anpassen. Diese Xerophyten bilden fleischsaftige Gewebe aus, die Wasser speichern.

Im feuchtwarmen **Victoriahaus** finden sich viele tropische Wasserpflanzen wie die Wasserhyazinthe, küstenbefestigende Mangroven und Nutzpflanzen wie Papaya, Reis, das Zuckerrohr und die Kokospalme. Auch blüht alle zwei Jahre die Titanenwurz – im Volksmund Stinkewurz – für drei Tage prächtig und erregt dann ein entsprechendes Aufsehen.

Auf die Schaugewächshäuser folgen **9 Freilandreviere und Themengärten:** Asien, Alpinum, Europa und Amerika. Mithilfe der Übersichtskarte kann man die Auswahl nach eigener Neigung treffen. Im Asien-Revier gibt es unter anderem ein Bambusdickicht zu sehen. Im künstlich auf 30 Meter aufgeschütteten Alpinum wachsen aus den Felsspalten Hochgebirgspflanzen und es bietet sich ein wundervoller Rundumblick über den Botanischen Garten. Das Europa-Revier zeigt wichtige Biotope unserer Heimat wie das Moor, eine Düne mit Pflanzen, die Heide und vieles andere. Das Amerika-Revier hat einen eindrucksvollen Baumbestand mit Mammutbäumen oder Schwarzbirken.

Wer schon müde ist, kann über den ausgeschilderten Hauptweg zum Eingang zurückkehren. Von dort sind es bis zur **Bushaltestelle Am Botanischen Garten** nur wenige Meter. Es lohnt sich jedoch, zuvor auf einer der vielen Bänke zu verweilen und die vielfältigen Eindrücke dieses Spaziergangs Revue passieren zu lassen.

5

START/ZIEL: Bushaltestelle Yorckstraße, 24105 Kiel
LÄNGE: ca. 3,5 Kilometer
DAUER: ca. 4 Stunden
ÖPNV: Bushaltestelle Yorckstraße
PARKEN: Blücherplatz, 24105 Kiel (zu Marktzeiten eingeschränkt)

UNTERWEGS ENTDECKT

1. Der Brotmacher
2. Rosa Rostig
3. Crêperie Blé Noir
4. Häuser rund um den Blücherplatz
5. Haus Blücherplatz 5
6. Esmarchstraße
7. Fischdelikatessen Künnemann & Sohn
8. Holtenauer Straße
9. Forstbaumschulenpark

ESSEN + TRINKEN

Crêperie Blé Noir, Blücherplatz 15, 24105 Kiel, Tel. (04 31) 90 89 83 46, www.blenoir-kiel.de (ein Muss für alle Frankophilen, Galettes, Crêpes und andere Spezialitäten)

Retro im Metro, Holtenauer Straße 162–170, 24105 Kiel, Tel. (04 31) 2 20 78 95, www.dasretro-kiel.de (riesengroße Frühstückskarte im gemütlichen Foyer eines Kinos)

Fischdelikatessen Künnemann & Sohn, Gneisenaustraße 20, 24105 Kiel, Tel. (04 31) 8 36 82 (frischer Fisch, auch Fischbrötchen, Fischsalate und Fischfrikadellen)

DER BLÜCHER UND DIE HOLTE

Bummeln und genießen

Rund um den Blücherplatz und einen Teil der Holtenauer Straße tauchen wir ein in das quirlige Leben eines Stadtviertels, das durch seine hohe Altbaudichte in Kiel außergewöhnlich ist. Viele aufwendig restaurierte wunderschöne Bürgerhäuser stehen hier neben einfachen Mietshäusern und das Viertel atmet eine lebendige Atmosphäre. Die meisten Geschäfte sind inhabergeführt und bieten Individuelles, viele originelle Lokale laden zum Verweilen ein. Eintreten, schauen, stöbern und genießen – das ist bei diesem Spaziergang ausdrücklich erwünscht!

Wir starten an der **Bushaltestelle Yorckstraße,** folgen der **Feldstraße** ein paar Meter und biegen rechts ein in die **Yorckstraße.** In dieser ruhigen kopfsteingepflasterten Wohnstraße finden sich überwiegend dreistöckige stuckverzierte Altbauten aus der Gründungsphase dieses Stadtgebietes in den ersten Jahren des 20. Jahrhunderts. Vor manchen Mehrfamilienhäusern wachsen, obwohl sie keine Vorgärten haben, im Sommer bunt blühende Stockrosen. Auf dem gesamten Spaziergang lohnt es sich, zu den Bauten emporzusehen, immer wieder gibt es prachtvolle Anblicke.

Der Brotmacher

Gleich am Beginn der Straße liegt auf der rechten Seite in der Yorckstraße 2 unser erster Halt, ❶ **Der Brotmacher.** Ein zunächst unscheinbar wirkendes Geschäft, nur die züngelnden Flammen auf dem Namensschild zeigen: Hier gibt es etwas Ausgefallenes, nämlich eine Holzofenbäckerei mit köstlichem Brot. Ein Kunde hat eben Brötchen und das traditionelle Holzofenbrot gekauft – eine frisch gebackene Spezialität mit krosser Kruste und immer etwas anders, denn alles ist handgemacht. Fröhlich, freundlich und entspannt geht

Rosa Rostig

es in dem Laden zu, es ist auch Zeit für einen kleinen Schnack. Dirk Schlüter übernahm die Bäckerei von seinem Vater, er ist Bäcker aus Leidenschaft und setzt auf Qualität. Das schmeckt man. Im Kieler Raum ist die Bäckerei auch für ihren Butterkuchen berühmt.

Nur wenige Meter weiter geradeaus fällt auf der linken Seite vor dem Haus Yorckstraße 1A ein liebevoll arrangiertes Pflanzen- und Blumenparadies ins Auge. Wir stehen vor ❷ **Rosa Rostig,** einem Blumen- und Dekorationsladen, der die Betrachter zum Staunen bringt. Manche fühlen sich gar in den Film „Der geheime Garten" versetzt. Überall erkennt man das Können und die Liebe im Umgang mit Blumen, die liebevoll arrangiert in Kübeln oder in Sträußen präsentiert werden und einen zarten Duft verströmen. Auch werden Wohn- und Gartenaccessoires verführerisch dargeboten. Die Geschichte des Ladens begann im Jahr 2003 – da fertigte der heutige Mitinhaber Bernhard Steuernagel für seine Frau Sabine ein natürlich rostendes Spalier für ihre geliebten

Rosen. Dies war im Nachhinein die Geburtsstunde von Rosa Rostig, denn immer mehr Menschen waren begeistert von Sabine Steuernagels Gartendekorationen mit Patina. Zunächst offerierte sie in einem Anbau ihres Hauses und in ihrem Garten Liebhaberstücke. Schließlich eröffnete sie 2010 Rosa Rostig in der Yorckstraße – ein kleines Paradies mitten in der Stadt.

Wir folgen der Yorckstraße bis zu ihrem Ende, sie geht über in die Straße und den gleichnamigen Platz **Blücherplatz,** den viele nur den „Blücher" nennen. Im Haus mit der Nummer 15 finden wir einen Genussort mit französischem Charme, die 3 **Crêperie Blé Noir.** Schon am Morgen sitzen Menschen mit einer Zeitung in der Hand und einen Kaffee neben sich vor dem Lokal. Ein beliebter Ort ist das Blé

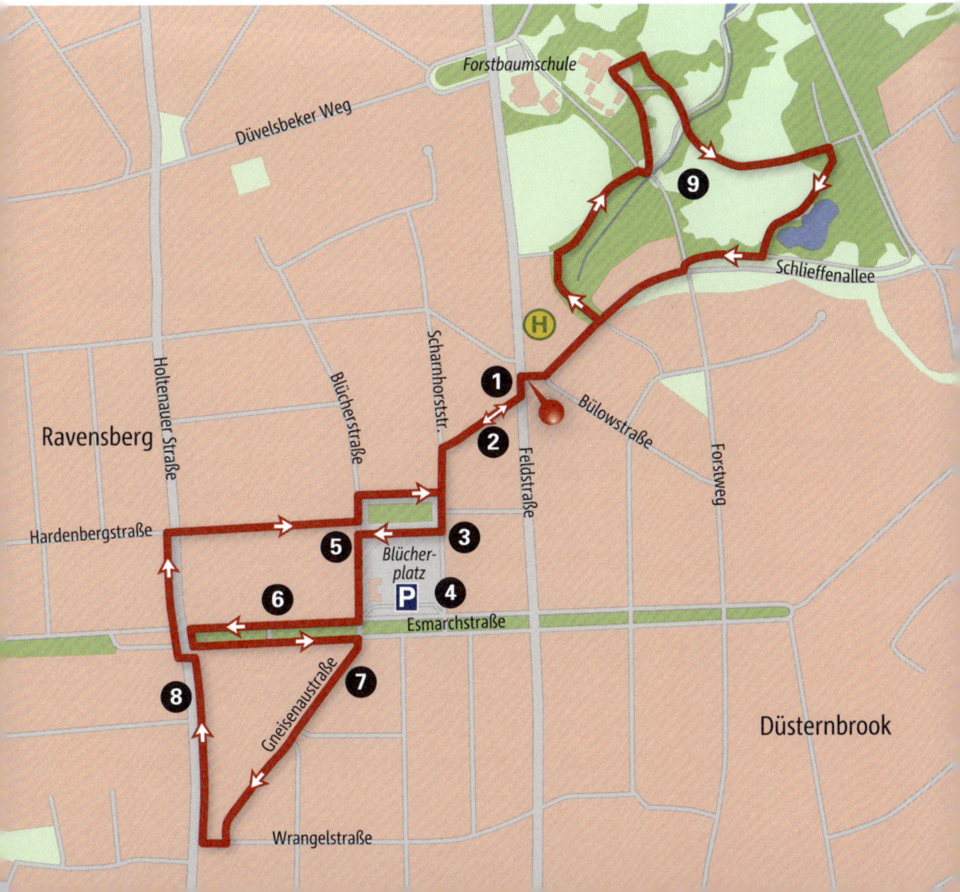

Noir und ein Muss für alle Frankophilen, denn ein Besuch fühlt sich wie eine Kurzreise in die Bretagne an. In diese reist Betreiberin Annette Köhler regelmäßig und bringt neue Inspirationen und Genüsse mit, die nach Urlaub schmecken. Auch die Einrichtung ist bretonisch inspiriert – mit den typischen blau karierten Tischdecken, kunterbunt zusammengestellten Holztischen, Kerzenhaltern mit Tafelkerzen und französischen Zeitungen – selbst „echte" Franzosen fühlen sich hier zu Hause. Übersetzt heißt Blé Noir Buchweizen. Das ist der Grundstoff für die herzhaften Galettes, die die Hauptrolle spielen neben den süßen Crêpes und anderen landestypischen Speisen wie Fischsuppe und Miesmuscheln. Eine geschmackliche Offenbarung ist dieses Zweigangmenü: Als Hauptgericht nehmen wir ein Galette mit Ziegenkäse, Walnüssen, Zwiebeln, Weintrauben und Honig, als Dessert einen Crêpe mit Karamell und gesalzener Butter. Eine Komposition, die süchtig machen könnte.

Crêperie Blé Noir

Nach diesem Genuss ist Bewegung an der frischen Luft gefragt. Gegenüber vom Blé Noir geht auf dem Blücherplatz der Wochenmarkt über die Bühne. Immer am Montag und am Donnerstag von 8 bis 13 Uhr verwandeln die Marktbeschicker mit ihren farbenfrohen Ständen den schmucklosen Parkplatz in eine bunte Oase. Das Angebot ist vielfältig. Neben Gemüse, Obst, Backwaren und Pflanzen gibt es heilsame Kräuter, fangfrischen Fisch, regionale Käsespezialitäten und vieles andere. Es macht Freude, an den Ständen entlangzuschlendern, das von den Jahreszeiten geprägte Angebot zu studieren und immer wieder auch zu probieren. Ausgesprochen prächtig ist der Markt von Sommer bis Herbst, wenn die Beschicker ihr frisch geerntetes einheimisches Obst und Gemüse oder eine bunte Blumenvielfalt für Garten, Balkon und die Wohnung anbieten.

Blücherplatz

Wir überqueren den Blücherplatz und treten auf die gegenüberliegende Straße **Blücherplatz.** Die 4 **Häuser rund um den Blücherplatz** zeigen im Vergleich zum übrigen Kieler Stadtgebiet eine hohe Altbaudichte. Die typische Bebauung besteht aus vier- bis fünfstöckigen Altbauten; teils sind es einfachere Mietshäuser, teils Bürgerhäuser mit großen Wohnflächen und hohen Decken. Daneben finden sich auch einige Villenaus der Vorkriegszeit. Die Wohngegend Blücherplatz gilt als typisches Viertel der gehobenen Mittelschicht, in dem inzwischen aber auch viele Studenten in Wohngemeinschaften leben. Abgesehen von den Hauptstraßen sind fast alle Straßen Tempo-30-Zonen.

Ausgesprochen sehenswert ist das unter Denkmalschutz stehende 5 **Haus Blücherplatz 5,** an der Ecke zur Hardenbergstraße. Das viergeschossige verputzte Wohn- und Geschäftshaus wurde 1906 gebaut. An einer Ecke hat das Gebäude einen vieleckigen Erkerturm, die Fassade zieren Balkone und Erker und sie ist mit Jugendstilelementen verziert. Wie man beim Blick durch die Glastür erkennen kann, ist auch das Treppenhaus hervorragend erhalten und zeigt viele Elemente des Jugendstils. Da findet sich noch die Ursprungshaustür, der Fußboden ist ein Originalterrazzo, der Stuck an den Wänden ist vollständig. Das Geländer besteht aus nordamerikanischem Holz, die Fliesen sind aufwendig gestaltet, im Treppenhaus hängt ein Tiffanyleuchter und Buntglaseinsätze verzieren die Zwischen- und Eingangstüren. Auch die großzügigen Fünfzimmerwohnungen mit Blick auf den Blücherplatz sind vorbildlich saniert. Wir gehen an der Front dieses Gebäudes die Straße Blücherplatz geradeaus bis zu ihrem Ende und blicken immer wieder zu den Fassaden empor. Wie hoch die Mieten in solchen Schmuckstücken sind, fragt man wohl besser nicht. Aber schön anzusehen sind die liebevoll restaurierten Häuser auf jeden Fall.

Wir biegen rechts in die 6 **Esmarchstraße** ein. In dieser boulevardartigen Straße mit Kopfsteinpflaster und einem begrünten Mittelstreifen stehen vierstöckige großbürgerliche Altbauten, die zwischen 1907 und 1914 erbaut wurden. Einige grau verputzte Giebelhäuser mit verandaartigen Balkonen und aufwendigen weißen Sprossenfenstern sind bis zum dritten Stockwerk von Efeu umrankt, was sie beinahe märchenhaft wirken lässt. Auffallend sind auch die liebevoll angelegten Vorgärten. In dieser Straße herrscht durch das viele Grün trotz wild parkender Autos ein wohltuendes Stadtklima. Noch heute üben die zur Heimatschutz-

Esmarchstraße

architektur zählenden Gebäude eine große Anziehungskraft aus. Unser Weg führt uns bis zur Kreuzung Holtenauer Straße; dann drehen wir um und gehen die Esmarchstraße auf der Gegenseite zurück. Es lohnt sich, den Blick sowohl zu den Gebäuden in der Nähe als auch in der Ferne schweifen zu lassen, denn die Augen erblicken immer wieder neue schöne Details.

Bei der ersten Möglichkeit biegen wir rechts in die **Gneisenaustraße** ein. In dem Haus mit der Nummer 20 findet sich ein ganz besonderes Geschäft – die 7 **Fischdelikatessen Künnemann & Sohn.** Bereits seit über 100 Jahren gibt es dieses familiär geführte Fischgeschäft, als ältestes seiner Art in Kiel ist es so etwas wie ein schützenswertes Kulturgut. An der Fassade verkürzen kunstvolle maritime Motive wie ein Leuchtturm, ein Seehund, ein Fischkutter und darüber schwebende Möwen die Wartezeit, wenn sich wieder einmal eine Schlange Kauflustiger gebildet hat. Sie wissen: Hier bekommt man den besten und frischesten Fisch der Stadt. Fast alles wird selbst hergestellt wie die Marinaden für die köstlichen Fischsalate, Fischfrikadellen

5 DER BLÜCHER UND DIE HOLTE

Café Kahlo

Das Retro im Metro

und Fischbrötchen. Auch ethische Ansprüche haben die Künnemann-Müllers. Deshalb verkaufen sie wegen der sinkenden Bestände in der Ostsee keinen Dorsch mehr und auch keine Schillerlocken des Dornhais, der zum großen Teil zu Fischmehl verarbeitet wird. Die Auswahl ist dennoch überwältigend. Wer Fisch mag, dem seien explizit die köstlichen Fischsalate empfohlen, wie der Hanseaten-Cocktail mit Apfel und Matjes, der Räucherlachs- oder der Krabbensalat.

Nun folgen wir der Straße fast bis zum Ende. Hier stehen kaum besondere Häuser, dafür gibt es aber zwei kleine Galerien und immer wieder Kleinode auf den Häuserfassaden. Vom Haus mit der Nummer 25 blickt uns beispielsweise ein goldgelockter Engelskopf an. Am Ende biegen wir rechts in die **Wrangelstraße** ein und wenige Meter später rechts in die **8 Holtenauer Straße.** Bereits seit dem vorletzten Jahrhundert ist diese Straße eine Einkaufs- und Flanierstraße, kurz nach 1900 eröffnete das erste Kino. Die bessere

Quartier 172

TragBar

Gesellschaft zog es zum Bummeln hierher. Unsere Tour führt uns vorbei an prächtigen drei- und vierstöckigen Bürgerhäusern. Viele Läden und Häuser sind in Familienbesitz und inhabergeführt. Heute ziehen zahlreiche Kieler eine Runde über die „Holte“, wie sie sie liebevoll nennen, einem Bummel durch die Innenstadt vor. Das kann verstehen, wer die Augen offenhält und sich einladen lässt, durch die Läden zu bummeln und in den Lokalen zu verweilen. Ausgesprochen empfehlenswert ist diese subjektive Auswahl auf kleinstem Raum: **Café Kahlo** (Nummer 172), ein Café, das viele junge Menschen anzieht und eine spannende kulinarische Vielfalt bietet. **Das Retro im Metro** (Nummer 162 bis 170) ist ein in anheimelndem Ambiente gestaltetes Café im Foyer eines Kinos; die Frühstückskarte offenbart ein überraschendes und vielfältiges Angebot. Das **Quartier 172 – Haushaltswarengeschäft** (Nummer 172) hat von Schmuck und Kleidung bis hin zu Dekoration Stücke im Angebot, die abseits des Mainstreams sind. Das **TragBar** (Nr. 174) bietet seit 2006 in den beiden nebeneinanderliegenden Läden einen einzigartigen Mix aus Shoppen und Genuss in der Kaffeeecke; der Fokus liegt auf nachhaltigen und regionalen Produkten. Direkt auf der gegenüberliegenden Straßenseite liegt das **Nordlykk I Home & Fashion** (Nummer 145); hier gibt es kleine individuelle Besonderheiten, um damit andere oder sich selbst zu beschenken, beispielsweise eine große Auswahl an Bechern, Karten und Trockenblumen.

Auf der Straßenseite des Nordlykk folgen wir der Holtenauer Straße weiter geradeaus. Mit etwas Abstand wirken die prächtigen Bürgerhäuser gegenüber noch eindrucksvoller. An der zweiten Straße überqueren wir die Holtenauer Straße und gehen geradeaus in die **Hardenbergstraße,** in der weitere schön

Holtenauer Straße

Nordlykk I Home & Fashion

FORSTBAUMSCHULE
Der Ursprung der Parkanlage Forstbaumschule liegt im 18. Jahrhundert, als Kiel noch unter dänischer Herrschaft stand. Im August 1785 eröffnete an der Kieler Universität eine Forstlehranstalt. Für die praktische Ausbildung der Forstleute wurde die Forstbaumschule angelegt. Um die seltenen Bäume zu schützen, baute man 1810 ein Wachhaus, das ein Förster bewohnte. Das Forstlehrinstitut wurde 1833 nach Kopenhagen verlegt. Die Baumschule musste jetzt die Unterhaltungskosten selbst erwirtschaften und errichtete im mittlerweile erweiterten Försterhaus einen Erfrischungsbetrieb für die Städter, die Erholung suchten. Die Baumschule wurde 1898 geschlossen und das Haus des Försters abgerissen; auf dem Gelände entstand der Park. Von 1904 bis 1905 wurde das Restaurant Forstbaumschule gebaut, 1926 kam der Musikpavillon dazu. Der Biergarten des Restaurants ist die größte Freisitzanlage Kiels. Die heute etwa 15 Hektar große Parkanlage mit altem Baumbestand, Sträuchern und großen Wiesenflächen gilt vielen Einheimischen als die schönste Grünanlage der Stadt.

erhaltene Bürgerhäuser ins Auge fallen, wie beispielsweise die Nummern 2 und 4. Auf der rechten Seite liegt mit der Hausnummer 9 ein mächtiger Backsteinbau, die **Hardenbergschule,** die heute eine Grundschule ist. Seit 1902 gibt es hier eine Bildungseinrichtung. Das Gebäude zählt zu den Kulturdenkmälern in Kiel.

Wir gehen die Hardenbergstraße bis zu ihrem Ende, dann links in die Straße **Blücherplatz,** die bald eine Rechtskurve vollzieht. An deren Ende biegen wir links in die **Scharnhorststraße** und rechts in die **Yorckstraße.** Diese laufen wir bis zum Ende, bis wir an der **Feldstraße** zu unserem Ausgangspunkt, der **Bushaltestelle Yorckstraße,** gelangen.

Für diesen Spaziergang sollte man sich ausreichend Zeit zum Verweilen in den Cafés und zum Bummeln in den Geschäften nehmen. Wer sich noch mehr bewegen will, biegt von der Yorckstraße links in die Feldstraße und gleich wieder rechts in die Schlieffenallee. Bald führt hier links ein Sandweg in den 9 **Forstbaumschulenpark** mit seinem ausgedehnten Wegenetz und schönem Baumbestand.

Forstbaumschulenpark

6

START/ZIEL: Kieler Kaufmann, Niemannsweg 102, 24105 Kiel
LÄNGE: ca. 3,5 Kilometer
DAUER: ca. 1,5 Stunden
ÖPNV: Bushaltestelle Niemannsweg
PARKEN: an der Straße nahe Niemannsweg 102, 24105 Kiel

UNTERWEGS ENTDECKT

1. Villa Hotel Kieler Kaufmann
2. Düsternbrooker Gehölz
3. Villa Lindenallee 21
4. Maritim Hotel Bellevue Kiel
5. Kleiner Park „Hirschfeld-Blick“
6. Villa Bismarckallee 32
7. Villa Roonstraße 6
8. Villa und Mahnmal Düppelstraße 23
9. Kastanienallee Weserfahrt
10. Villa Niemannsweg 52

ESSEN + TRINKEN

Seebar Kiel, Kiellinie 130, 24105 Kiel, Tel. (04 31) 3 41 85 (von Mitte März bis Mitte November direkt auf der Kieler Förde schlemmen und genießen, ganz besonders die Pizzen; wer mag, bringt Badesachen mit und springt vorher in die Förde)

Restaurant Kaufmannsladen im Hotel Kieler Kaufmann, Niemannsweg 102, 24105 Kiel, Tel. (04 31) 8 81 11 50, www.kieler-kaufmann.de (gehobenere Küche in stilvollem Ambiente)

Restaurant Bellevue im Maritim Hotel Bellevue Kiel, Bismarckallee 2, 24105 Kiel, Tel. (04 31) 3 89 40, www.maritim.de (gediegen speisen mit Ostseeblick, den man mitbezahlt)

AM DÜSTERNBROOKER GEHÖLZ

Herrschaftliches Wohnen im Villenviertel

Düsternbrook im Kieler Norden ist für viele der schönste Stadtteil. Nahe an der Ostsee, ein herrlicher hügeliger Wald und kein Durchgangsverkehr. Das lockte schon früh die vornehme Gesellschaft an, und noch heute wohnt im „Villenviertel“ eher die Oberschicht. Die beste Jahreszeit für diese Tour? Das kommt darauf an … Wer viel Grün in Gärten und Natur wahrnehmen will, ist im Frühjahr und Sommer richtig. Wer die prachtvollen Villen möglichst gut sehen will, unternimmt den Spaziergang eher im Winter, wenn die Hecken und Bäume keine Blätter tragen.

Nach der Gründung des Deutschen Reiches wurde Kiel 1871 zum Reichskriegshafen ernannt. Die zuvor eher verschlafene Kleinstadt nahm nun einen rasanten Aufstieg. Ab 1880 gab es eine Bauwelle von herrschaftlichen Villen und großbürgerlichen Landhäusern. Unter den Bauherren waren viele höhere Offiziere der kaiserlichen Flotte und Professoren der Universität, deren Campus damals noch in Düsternbrook stand, auch Großkaufleute, Ärzte und Juristen. Diese neue Elite orientierte sich bei der Architektur der Häuser an ihren Vorgängern, dem Adel. Die noblen Villen zeugen vom Willen der Eigentümer, selbstbewusst ihre Bedeutung und ihren Reichtum zu demonstrieren. Der Baustil in der Gründerzeit bis 1914 bediente sich aus früheren Epochen wie der Neorenaissance, dem Neobarock und der Neugotik. Meist sind die Fassaden reich verziert. Wer solche feudalen Häuser bauen lassen konnte, musste eine Menge verdientes oder ererbtes Kapital mitbringen; schon die Grundstückspreise waren hoch. Bereits damals gab es einige Millionäre.

Natürlich lebten auch einfache Menschen im Viertel. Die bessere Gesellschaft brauchte schließlich Haushälterinnen und Köchinnen, Dienstmädchen und Hausdiener, Gärtner und Kutscher. Offiziere leisteten sich einen Offiziersbur-

6 AM DÜSTERNBROOKER GEHÖLZ

Kieler Kaufmann

schen, der ihre Schuhe putzte und ihre Uniform ausbürstete. Das Dienstpersonal wohnte meist unter dem Dach oder im Keller.

Die Bombardierungen im Zweiten Weltkrieg zerstörten und beschädigten viele Villen; danach wurden sie oft stark verändert, oft vereinfacht wieder aufgebaut. Prächtig anzusehen sind viele immer noch. Mit etwas Fantasie ersteht beim Betrachten die alte herrschaftliche Zeit wieder auf.

Startpunkt der Tour ist die 1 **Villa Hotel Kieler Kaufmann,** die im Niemannsweg 102 romantisch am Waldrand liegt. Ludwig Ahlmann ließ sie 1911 im Stil der Heimatschutzarchitektur erbauen – einer Rückbesinnung auf das Regionale, auf heimische Baustoffe wie den Ziegel. Die Marine erwarb das Gebäude 1937; nach 1945 sanierte es der Verein Kieler Kaufmann. Der Vater von Ludwig Ahlmann war Wilhelm Ahlmann (1817–1910), ein erfolgreicher und umtriebiger Bankier und Politiker, bekannt in ganz Schleswig-Holstein. Sein Bankhaus wurde 1873 zur Landesbank der damaligen Provinz Schleswig-Holstein. In dieser führte er

1850 als Verantwortlicher für das Postwesen die Briefmarke ein. 1864 gründete er die „Kieler Zeitung".

Wir folgen dem Niemannsweg und schnell kommt ein kleiner Abstecher in den hügeligen Wald – ein weiterer Beweis, dass es im Norden nicht nur Flachland gibt. Auf der Höhe von Niemannsweg 109 biegen wir rechts ein in das 2 **Düsternbrooker Gehölz.** Das 21 Hektar große beliebte Naherholungsgebiet liegt zwischen der Krusenkoppel und der Lindenallee. Im gemischten Laubwald dominieren die Rotbuchen, eingestreut sind auch Stieleichen oder Ahorn. Die Waldhänge fallen, in der Eiszeit geformt, steil zur Förde ab. Oft sind hier Kindergartengruppen unterwegs, dann erschallt fröhliches Gelächter. Die Kleinen lernen viel über den Wald im Wandel der Jahreszeiten. Auch für Erwachsene

Düsternbrooker Gehölz

THEODOR STORM IN DÜSTERNBROOK

Theodor Storm (1817–1888) ist einer der bekanntesten norddeutschen Schriftsteller. Sein berühmtestes Werk „Der Schimmelreiter“ vollendete er kurz vor seinem Tod. Tief prägte ihn die „graue Stadt am Meer“, wie er seine Heimatstadt Husum in einem Gedicht nannte.
Von 1837 bis 1842 studierte Storm Jura an der Kieler Universität, unterbrochen von einem Studienjahr in Berlin, wo er nicht heimisch wurde. Seine Studentenzeit, die er mit hohen Spielschulden beendete, verarbeitete er in Novellen. 1863 erschien „Auf der Universität“, laut Storm angeregt von einer wahren Begebenheit. Der Düsternbrooker Wald wird hier zum Hauptschauplatz.
Theodor Storm verkehrte als Student gelegentlich im „Sanssouci“, einem herrschaftlichen Wirtshaus im Düsternbrooker Wald, und nahm es als Vorlage für das „Ballhaus“. 1866 brannte das Gebäude ab. Zeitlebens blieb er Kiel verbunden, besuchte dort Freunde wie den Schriftsteller Klaus Groth. Der Gedenkstein wurde 1917 zum 100. Geburtstag Storms aufgestellt.

lohnt es sich, den kindgerechten Erklärungen zu lauschen. Im Winter schimmert die Ostsee verheißungsvoll durch die entlaubten Bäume. Wir folgen dem Waldweg geradeaus, links vorbei an einem Haus (Nr. 110–112), folgen nach links dem Weg mehr nach unten.

Hier liegt ein großer **Granitfindling** und von der Infotafel erfahren wir: An dieser Stelle stand früher ein Gasthaus namens Sanssouci; dieses spielt als „Ballhaus“ eine große Rolle in der Novelle „Auf der Universität“ von Theodor Storm.

Der Pfad führt nun kurz steil hinunter; wer das nicht möchte, muss einen kleinen Umweg gehen. Die von uns gewählte Tour führt geradeaus weiter in Richtung Norden, mit leichter Linksbiegung, parallel zum Niemannsweg. Rechts liegt bald ein kleiner **See** namens Mondspiegel mitten im Wald. Auf den Bänken sitzt es sich gut, um bei einer kleinen Pause dem vielstimmigen Vogelgezwitscher zu lauschen. Dann folgen wir dem Weg links am See vorbei und gehen geradeaus, bis wir bei einer Gabelung rechts (nicht links Richtung Niemannsweg) abbiegen. Rechts des Weges sehen wir einen weiteren idyllischen, lang gestreckten

Lindenallee 21

kleinen See, den Dianenspiegel, über den einst eine Brücke führte. Hier wachsen viele alte Stieleichen. Wir erreichen nun den Waldrand und biegen nach links in die Lindenallee ein. Schon nach wenigen Metern liegt rechts in der 3 **Lindenallee 21** eine beeindruckende weiße Villa. 1906 wurde sie im neobarocken Stil erbaut. Später erwarb sie Johann Lubinus; dieser hatte 1901 in Kiel die erste deutsche „Lehranstalt für Heilgymnastik" eingerichtet und gilt als Mitbegründer der Krankengymnastik. Inzwischen beherbergt die Villa eine Augenklinik.

Maritim Hotel

Nach diesem Mini-Abstecher kehren wir um und biegen nach wenigen Metern links ein in die **Bismarckallee.** Der große Block, der zumindest im Winter schon zuvor im Wald zu sehen war, ist das 4 **Maritim Hotel Bellevue Kiel,** schön an der Kieler Förde gelegen. Hier wäre die Gelegenheit für eine Pause, beispielsweise einen Kaffee im Restaurant Bellevue. Das Hotel verströmt noblen, ein wenig angestaubten

Charme. Immer wieder offenbart sich ein prächtiger Blick auf die Ostsee. In der Bismarckallee stehen prächtige Villen, für jeden Geschmack ist etwas dabei, beispielsweise die Hausnummern 6, 17, 19, 27, 32 und 36. Es macht Freude, sich vorzustellen, welche Menschen hier früher residierten und welche heute die Prachtbauten bewohnen, welche Geschichten und Geheimnisse die kunstvollen Mauern hüten.

In der Linkskurve der Straße lohnt sich rechts der 5 **„Hirschfeld-Blick".** Hier liegt ein kleiner Park mit Bänken und schönen Bäumen. Eine Treppenanlage führt nach unten zur Ostsee, verbindet das Düsternbrooker Gehölz mit der Kieler Förde. Hier oben hat man einen weiten Blick auf die Kieler Förde; auf der anderen Seite ist in der Ferne das Marine-Ehrenmal in Laboe gut erkennbar. Zarin Katharina die Große berief 1770 Christian Hirschfeld als Professor der Philosophie und der schönen Künste an die Kieler Universität. Er hielt auch Vorlesungen zur Gartenkunst und zur Obstbaumkunde. Auch im Winter sind ein paar Schiffe unterwegs und einige sportliche Ruderer. Nahe der Seebrücke lockt auf dem Wasser die Seebar im Seebad Düsternbrook – eine gute Idee für einen lauen Sommerabend. Spätestens dann lohnt es sich, die serpentinenartigen Treppen hinabzusteigen.

Hirschfeld-Blick

6 AM DÜSTERNBROOKER GEHÖLZ

Wir setzen unseren Spaziergang oben in der **Bismarckallee** fort. Golden glänzt der Name „Bellevue" auf der hoheitlich-herrschaftlichen Villa in strahlendem Weiß in der 6 **Bismarckallee 32.** Im neobarock-neoklassizistischen Stil entstand sie 1898; Bauherr war Gustav Blicker, der Inhaber einer Malzwein- und Likörfabrik. Berauschende Feste wird es hier gegeben haben ...

In der Nachbarschaft steht als Nummer 36 eine schöne Backsteinvilla. Gegenüber der Villa mit der Hausnummer 27 gibt es ein sehenswertes Kontrastprogramm – ein futuristisch anmutender Neubau, der an ein Raumschiff erinnert. Vor der Hausnummer 27 biegen wir nach links ein in die **Roonstraße.** Auch in dieser kurzen Straße gibt es herrliche Villen, darunter auf der rechten Seite die **Hausnummer 11** mit schönen Bäumen und einer schönen Treppe, ebenso mit Fachwerk wie die gegenüberliegende **Nummer 14.** Das vergleichsweise kleine Haus in der 7 **Roonstraße 6** erinnert an den zeitlosen reduzierten Bauhausstil mit schlichten, klaren Formen. Passend dazu der geometrisch beschnittene Bewuchs im terrassenförmig ansteigenden Vorgarten.

Bismarckallee 32

Roonstraße 6

Am Ende der Roonstraße überqueren wir die Lindenallee und gehen geradeaus weiter im **Niemannsweg.** Auf der rechten Seite liegt eine Universitätsklinik. Danach biegen wir rechts ein in die **Moltkestraße**. Gleich links steht die Nummer 88 mit einer steilen Treppe nach oben und einem goldenen Fisch über der Tür, gefolgt von weiteren sehenswerten Bauten vor allem auf der linken Seite. An einer Gabelung mit Pflasterstein auf der Straße gehen wir nicht geradeaus in die Esmarchstraße, sondern folgen nach links weiter der Moltkestraße. Links liegen moderne kubusförmige Mehrfamilienhäuser, die auch an den Bauhausstil erinnern, nur deutlich größer sind. Unser Geheimtipp ist die Nummer 43 auf der rechten Seite – das Haus wirkt wie verwunschen, wie im Dornröschenschlaf.

Wir überqueren die kreuzende Düppelstraße und betrachten das erste Haus rechts, 8 **Düppelstraße 23 –** eine große stolze Villa aus roten Ziegelsteinen. Heute beherbergt sie das 1. Polizeirevier. 1934 machte die Gestapo sie zu ihrem Sitz für Schleswig-Holstein. Hier organisierte sie die Verfolgung der Gegner und die Deportation der jüdischen

6 AM DÜSTERNBROOKER GEHÖLZ

Düppelstraße 23

Bevölkerung. Vor dem Haus steht ein markantes, berührendes **Mahnmal,** das die Kieler Künstlerin Melanie Pilz im Jahr 2000 geschaffen hat: ein riesiger Holzstempel mit vielen Namen von Opfern.

Weserfahrt

1945 wurde das Gebäude zunächst zum Sitz der britischen Militärregierung.

Nun überqueren wir die Moltkestraße und biegen rechts ein in den Fußweg, den originelle, radikal beschnittene Kastanien säumen. Er trägt den kuriosen Namen **9 Weserfahrt.** Durch das Wattenmeer der Nordsee zur Wesermündung führt eine schwierige Fahrrinne, welche die Seeleute Weserfahrt nennen. Und so nannte der Kieler Volksmund scherzhaft den Abkürzungsweg zur damaligen Marinestation; schließlich wurde der Name offiziell. Die Kastanienallee ist auch ein Gründenkmal der Stadt.

Am Ende des Weges biegen wir links in den **Niemannsweg** ein. Wer mag, betrachtet zuvor die prächtige weiße Villa auf der anderen Straßenseite: **10 Niemannsweg 52.**

Bauherrin war 1904 Anna Andersen, die Witwe des Reifermeisters Andersen. Im Dritten Reich fungierte das prächtige Gebäude als Dienstvilla von Hinrich Lohse, der als mächtigster Nationalsozialist in Schleswig-Holstein 1933 zum preußischen Oberpräsidenten dieser Provinz ernannt wurde.

Als Kontrast dazu möge die schöne kleine Villa im **Niemannsweg 88** dienen, die sich ein Privatgelehrter 1890 errichten ließ. Weitere neue und alte villenartige Bauwerke säumen den Weg. Immer wieder macht es Freude, beim Betrachten der Villen schöne Details zu entdecken. Am **Hotel Kieler Kaufmann** endet dieser Spaziergang. Wer noch nicht genug hat von Düsternbrook, schlendert noch weiter herum. Oder liest den autobiografischen Roman „Düsternbrook" des Schauspielers Axel Milberg, der hier im Forstweg aufgewachsen ist und schreibt, man könne sich in diesem Stadtteil leicht in das 19. Jahrhundert zurückträumen. Wer im Winter gekommen ist, könnte im Frühjahr oder Frühsommer wiederkehren und das Grünen der Natur erleben. Denn nicht nur die Villen sind Schmuckstücke, sondern auch viele großzügig und liebevoll angelegte Gärten.

Niemannsweg 52

7

START/ZIEL: Hörnbrücke, 24114 Kiel
LÄNGE: ca. 7 Kilometer
DAUER: ca. 3 Stunden
ÖPNV: Bushaltestelle Bahnhofsvorplatz
PARKEN: Contipark Parkhaus Cap, Kaistraße 54–56, 24114 Kiel

UNTERWEGS ENTDECKT

1. Hörnbrücke
2. Germania-Museumshafen
3. Norwegenkai
4. HDW-Werft Thyssenkrupp
5. Volkspark/Werftpark
6. Street-Art-Kunstwerke (Kaiserstraße, Elisabethstraße, Reeperbahn)
7. Hempels
8. Vinetaplatz
9. Wandgemälde „Jimi Hendrix“
10. Hochbunker Iltisstraße
11. Kulturzentrum Räucherei
12. An der Halle 400

ESSEN + TRINKEN

Café Jupiter, Kaiserstraße 51, 24143 Kiel, Tel. (01 78) 3 11 05 99
(innen und außen künstlerisch gestaltet, kleines, aber feines Angebot)

Miran Restaurant, Vinetaplatz 1, 24143 Kiel, Tel. (01 78) 4 58 23 24
(authentisches irakisches Schnellrestaurant mit freundlichem Service)

Eiscafé Toscanini, Am Germaniahafen 2, 24143 Kiel, Tel. (04 31) 3 64 17 87
(dieses direkt am Wasser gelegene Eiscafé ist ein Muss für Eisliebhaber)

IN GAARDEN AM OSTUFER

Street-Art und buntes Multikulti

Wer durch die Straßen von Gaarden schlendert, staunt über die Buntheit. Am Ostufer der Kieler Förde liegt der lebendige Stadtbezirk. Seit dem Zuzug von Gastarbeitern in den Fünfziger- und Sechzigerjahren ist er multikulturell geprägt. Hier findet sich vieles zum Staunen – ansprechende Altbauten, einladende Grünanlagen, eine vielfältige Infrastruktur und eine lebendige Kreativ- und Kulturszene mit sehenswerter Street-Art. Wer mit offenen Augen durch die Straßen geht, entdeckt unerwartet Schönes am Wegesrand und begegnet vielen herzlichen Menschen.

Dieser Spaziergang ist an seinem Startpunkt, der 1 **Hörnbrücke,** von Wasser, Wind und Weite geprägt. Die Fußgängerbrücke verbindet auf Höhe des Hauptbahnhofs das Westufer mit dem Ostufer. Von der Brücke bieten sich imposante Ausblicke auf die Silhouette Kiels mit dem markanten, an Venedig erinnernden Rathausturm und dem Hafenbecken mit regem Schiffsverkehr. Es gibt viel zu beobachten – Stand-up-Paddler, Segelboote, die Förde-Fährlinien des öffentlichen Nahverkehrs sowie die imposanten Skandinavienfähren und Kreuzfahrtschiffe.

Hörnbrücke

Germania-Museumshafen

Etwa zwölfmal am Tag herrscht auf der Brücke Müßiggang. Dann öffnet sich die 1997 fertiggestellte und weltweit einzige Dreifeldzugklappbrücke für jeweils 15 Minuten und Schiffe können hindurchfahren. Die 26 Meter lange und 5 Meter breite Stahlkonstruktion verbindet den am Ostufer gelegenen Norwegenkai mit dem Kieler Stadtzentrum. Auch sorgt sie für eine gute Anbindung von Fußgängern und Radfahrern, die von Gaarden in die Innenstadt wollen und umgekehrt. Wegen ihrer ungewöhnlichen und zugleich zierlichen Bauweise zählt die Hörnbrücke zu den Attraktionen in Kiel.

Wir überqueren sie Richtung Ostufer und sehen bereits unser nächstes Ziel, den 1998 fertiggestellten 2 **Germania-Museumshafen.** Sanft schaukeln die vertäuten Boote auf dem Wasser. Auf einem schrubbt der Skipper gerade das Deck. Prächtige historische Jachten aus Holz sowie Segeln aus Naturfasern regen die Fantasie an und können bestaunt werden. Ihre Eigner halten sie in liebevoller Handarbeit instand. Der 2004 gegründete Verein Museumshafen Kiel hat es sich zum Ziel gemacht, traditionelle Segelschiffe zu restaurieren und zu erhalten, die Seegemeinschaft, maritime Handwerkskunst und maritime Musik zu pflegen. Auf vereinseigenen Segelbooten können Interessierte für einen Törn an Bord kommen.

Wir steigen die Stufen des terrassenförmig ansteigenden Geländes hinauf. Mächtig erhebt sich am Ende die 11 Meter hohe Skulptur **„Adam und Eva“.** Zwei Menschen, die untrennbar zusammengehören, formen sich aus einer Granitsäule. Die Skulptur schuf der 1947 in Kopenhagen geborene Performancekünstler Bjørn Nørgaard.

Wir halten uns links, folgen dem **Gaardener Ring** und biegen nach wenigen Metern links in die **Werftstraße** ab. Von der erhöhten Position des Gehweges aus öffnet sich ein weiter Blick auf das Gelände der Ladungsabfertigung des 3 **Norwegenkais.** Es herrscht emsiges Treiben mit Lastern

Norwegenkai

und auch Schienenwaggons. Auf der Route Kiel–Oslo sind die beiden größten Fährschiffe der Ostsee unterwegs. Bis zu 2700 Passagiere, 750 Pkw und über 1200 Lkw-Spurmeter können sie pro Fahrt befördern. Das entspricht einer durchschnittlichen jährlichen Beförderung von gut 1 Million Passagiere und 750.000 Tonnen Fracht. Die Route Kiel–Oslo wird als einzige zwischen Deutschland und Norwegen täglich gefahren. Die Schiffe werden während ihrer Liegezeit im Hafen mit umweltfreundlichem Landstrom versorgt; die Dieselmotoren können komplett abgeschaltet werden.

An der Kreuzung Zur Fähre/Werftstraße überqueren wir die Straße, gehen nun auf der gegenüberliegenden Seite weiter geradeaus und biegen nach wenigen Metern rechts ab in einen von Büschen und Bäumen gesäumten Weg. Er verläuft parallel zur Werftstraße. Auf Höhe eines Hochhauses befindet sich ein freundlich gestalteter Aussichtspunkt zur 4 **HDW-Werft Thyssenkrupp Marine Systems.** Von diesem Platz aus sieht man die Hebekräne der Werft und erhascht meist auch einen Blick auf das Boot, das gerade gebaut wird. Die größte deutsche Werft hat eine wechselvolle Geschichte; seit 2005 baut sie als Teil von Thyssenkrupp Marine Systems AG vor allem U-Boote. Das heutige Gelände erstreckt sich über mehrere andere ehemalige Werften hinweg. Der Werftbau begann, als Kiel 1867 mit der neu gebildeten Provinz Schleswig-Holstein zu Preußen kam und 1871 Reichskriegshafen wurde. Die Steilküste wurde abgetragen und das Ufer bebaut. Die Einwohnerzahl stieg zwischen 1865 und 1880 von 400 auf über 8000 Menschen an, und alle brauchten Wohnraum. Alte Bauernhäuser wichen mehrstöckigen Mietshäusern, Straßen wurden gebaut, Gaarden wurde zum Wohngebiet von Arbeitern. Die Krise im Schiffbau hat Gaarden als Industriestandort hart getroffen und die sozialen Unterschiede im Stadtbezirk wachsen lassen – mit entsprechenden Problemen wie einer offenen Drogenszene und hoher Kriminalität.

Wir gehen den Fußweg bis zum Ende, er mündet wieder in die **Werftstraße.** Im Übergang zur Elisabethstraße befindet sich eine Moschee mit Minarett der DITIB Türkisch-Islamischen Gemeinde. In Gaarden leben viele Muslime, für sie gibt es mehrere Moscheen. Bald danach biegen wir rechts in die **Kaiserstraße** ab. Vermutlich wurde sie nach der Kaiserlichen Werft benannt. Wie in vielen Wohnstraßen auf unserer Entdeckungstour trägt sie Kopfsteinpflaster und ist von Bäumen gesäumt. An der Straßenecke steht ein

HDW-Werft

Volkspark

beeindruckender dreistöckiger, flach gedeckter kubischer Klinkerbau in den Formen des ausgehenden Expressionismus. Heute finden sich hier die Technische Fakultät der Universität und die Kulturwerft; hinter ihr verbirgt sich ein Verein, der Kultur schafft, erhält und vermittelt. Das Gebäude wurde 1928 als fortschrittliche Werftkrankenkasse gebaut. Neben der Verwaltung gab es dort beispielsweise ärztliche Betreuung, Heilbäder, Massagen und eine Freiluftterrasse.

Wir wechseln auf die andere Straßenseite und folgen links der Ausschilderung zum 5 **Volkspark.** Der ehemalige Werftpark diente ursprünglich als Erholungsgebiet für die Werftarbeiter. Die Ruhe und die gute Luft auf der 14 Hektar großen Grünfläche sind wohltuend. Die hügelige Anmutung entstand durch den Aushub für das Werftgelände. Neben großen Rasenflächen und einem prächtigen Baumbestand gibt es einen Teich, lauschige Ecken, Spielplätze und seit 1989 ein eigenes Jugendtheater – das Theater im Werftpark.

Da wir noch viel vorhaben, biegen wir hinter dem kleinen See links in einen Weg ab, nach wenigen Metern rechts in die Norddeutsche Straße, dann links auf die **Kaiserstraße** zurück und folgen ihrem Verlauf. Auf unserer Rundtour finden wir in dieser Straße und in weiteren auffallend viele 6 **Street-Art-Kunstwerke.** Die legale Straßenkunst trägt zur Verschönerung des Stadtteils bei und soll zugleich das illegale Besprayen der Hauswände vermindern. Street-Art ist eine temporäre und dynamische Kunst im stetigen Wandel. Wir werden auf unserem Spaziergang manch außergewöhnliches Kunstwerk finden. Aber nicht nur deshalb lohnt es sich, die Häuserfassaden genauer zu betrachten. Viele der meist vierstöckigen Häuser zeigen ansprechende Fassaden mit aufwendigen Verzierungen und Jugendstilelementen (zum Beispiel Kaiserstraße 26) oder schöne Türen (zum Beispiel Kaiserstraße 27 b).

Nun heißt es, die Augen offen zu halten. In unmittelbarer Nachbarschaft finden sich gleich drei ungewöhnliche Fassaden. Das Haus in der **Kaiserstraße 51** verschönerten 2019 drei Künstler als Gemeinschaftswerk – Ju Hyun Lee, Lennart Holzborn und Benjamin Mastaglio. Das Café Jupiter der Künstlerin Ju Hyun Lee ist außen wie innen lebendig und bunt gestaltet. Das Außenparklet bemalte sie mit geometrischen Formen, die ein Fenster bilden, auch die Wände des Innenhofs wurden mit harmonierenden Farben versehen. Die Fassade schafft mit der hellen Farbgebung eine freundliche Atmosphäre.

Kaiserstraße 51

Die bunten Motive für die Außenwände des 7 **Hempels** in der **Kaiserstraße 57** kreierten 2019 die Künstler Ju Hyun Lee, Jihae An und Jenny Reissmann in einem Workshop mit den Mitarbeitern und Gästen des Trinkraums Hempels. Auf die Frage „Was verbindet uns mit Gaarden?“ setzen sie Antworten um und zeigen beispielsweise im Eingang das tanzende Paar des Vinetabrunnens und einen Zeitungsverkäufer des Straßenmagazins Hempels. Der Trinkraum Hempels dient bedürftigen Menschen, die in Gesellschaft ihren selbst mitgebrachten Alkohol konsumieren wollen, als Treffpunkt und sorgt für Entlastung auf den öffentlichen Plätzen.

ANF

Kieler ANKER

Ausfahrt
freihalten

Schräg gegenüber in der **Kaiserstraße 56** gestaltete ebenfalls im Jahr 2019 der Street-Art-Künstler Mr. Joker die Fassade. Zu sehen sind 42 Comicfiguren aus Filmen und Serien – beginnend mit Schlümpfen aus dem Jahr 1958 bis hin zu einem Auto von „Cars" aus den 2000er-Jahren. Hier steht jede Altersgruppe staunend vor den Figuren ihrer Kindheit. Wir folgen den auf einer Welle surfenden Schlümpfen die **Medusastraße** hinauf und befinden uns wenig später im Zentrum Gaardens, auf dem 8 **Vinetaplatz.** Immer am Dienstag und Samstag herrscht am Vormittag buntes Markttreiben. Nachdem 1982 auf der Westseite alle Häuser wegen Baufälligkeit abgerissen werden mussten, wurde der Platz 1986 neu gestaltet. In der Mitte steht seitdem ein von Hans Kock gestalteter Granitbrunnen, auf dem eine verzinnte Bronzeplastik ein Tanzpaar zeigt. An einer Abgrenzungsmauer im Westen der Brunnenanlage wurde ein Medusenhaupt eingelassen, das ehemals eines der „Schiefen Häuser" schmückte. Auf dem Platz gibt es Aktivitäten wie das Gaardener Brunnenfest. Auch an normalen Werktagen herrscht hier ein quirliges internationales Treiben. Um den Platz und in den angrenzenden Straßen gibt es viele, vor allem türkisch geführte Einkaufsmärkte mit einem verführerischen Angebot.

Vinetaplatz

Auf der Westseite des Vinetaplatzes folgen wir der **Elisabethstraße** Richtung Süden. An der Fassade der **Elisabethstraße 92** findet sich ein sehr eindrückliches 9 **Wandgemälde mit Jimi Hendrix,** das die Street-Art-Künstler INTO_XCTD & Zope_One 2020 schufen. Die Musiklegende Jimi Hendrix trat am 27. April 1967 im Gaardener Musikklub Star-Palast in der Straße Karlstal auf. Der Gitarrist mit bunt gestreifter Hose und markantem Afro brachte den Klub zum Beben. Das Mosaikmuster und der Salamander, die ebenfalls die Fassade zieren, greifen die Vorlieben der Hauseigentümerin auf. Das ausdrucksstarke Wand-

Jimi Hendrix

Kulturzentrum Räucherei

gemälde vermittelt den Spirit von Jimi Hendrix' Musik; vielleicht hört man sogar seine Klänge beim Betrachten und entdeckt dabei weitere Details.

Bald biegen wir nach links in den **Kirchenweg** ein, gehen ihn entlang und biegen rechts ein in die **Iltisstraße.** An der Ecke zur Preetzer Straße stehen wir am Haus **Iltisstraße 68** unverkennbar vor dem ⑩ **Iltisbunker,** einem Hochbunker mit fünf Etagen, der rund 1200 Personen Schutz bot. Von 1984 bis 1986 wurde er instand gesetzt. Seine Außenwände ziert das unter Denkmalschutz stehende 600 Quadratmeter große Gemälde „Revolution und Krieg" des Künstlers Shain Charmin von 1989. Anlass war der 70. Jahrestag des Kieler Matrosenaufstands 1918. Unterstützt wurde Charmin von Menschen, die er im Rahmen einer Jobcenter-Maßnahme künstlerisch ausbildete. Das eindrückliche Wandgemälde ist großartig und verstörend zugleich. Der Künstler wollte dem progressiven Geist huldigen, der durch den Matrosenaufstand seinen Ausdruck fand und später durch den Nationalsozialismus beendet wurde. Der Zahn der Zeit nagt am Gemälde, Farben blättern ab, Motive werden rissig – diese ungewollte Veränderung verstärkt die aufwühlende Wirkung, die das Thema entfaltet.

Nun biegen wir vollends rechts in die **Preetzer Straße** ein und folgen ihr, bis wir in der **Preetzer Straße 35** vor dem ⑪ **Kulturzentrum Räucherei** angekommen sind. Die Räucherei Kiel ist seit 1978 ein Bürgerzentrum, Betreiber ist der AWO-Kreisverband Kiel. In den Gebäuden befand sich von 1913 bis 1974 eine Fischräucherei, daran erinnern noch Räucheröfen und ein Schornstein. Heute ist hier eine kulturpädagogisch orientierte Freizeiteinrichtung beheimatet. Darüber hinaus gibt es gibt auch viele spannende Konzerte und Veranstaltungen, die allen Interessierten offenstehen. Auch das Außengelände ist sehenswert, auf einem Bauwagen findet sich ein beindruckender Street-Art-Gorilla, es grünt und blüht wohltuend.

Wir kehren zur Preetzer Straße zurück und biegen rechts in die **Reeperbahn** ein. Anders als in Hamburg, ist sie eine normale Wohnstraße. Seit 1880 wird der Name im Kieler Adressbuch geführt. Er geht auf die Firma Reepschlägerei C. Schmidt & Co. zurück, die in dieser Straße eine Werkstatt zur Produktion von Seilen betrieb. Hier findet sich an zwei Fassaden maritim geprägte Straßenkunst. Das Haus mit der Adresse **Reeperbahn 12** greift den Straßennamen auf: Abgebildet sind Seile und Trossen, das ist schweres Tauwerk. Im Eingang findet sich auf der einen Seite ein Schiff, das stolz die Segel gesetzt hat und auf der anderen Seite das große wettergegerbte Gesicht eines Kapitäns. Baltic Art schuf dieses collagenartige Fassadengemälde 2017. In der

Iltisbunker

Reeperbahn 18

Reeperbahn 18 zeigt sich auf der Fassade ein buntes Bild: Viele Schiffe mit farbenfrohem Tuch und fröhlichen Menschen besegeln die Förde bei der Kieler Woche, der alljährlichen Windjammerparade. Das Werk schuf 2019 der Künstler Vanartizm.

Von der Reeperbahn biegen wir nach links in den **Kirchenweg** ein, gehen ihn bis zum Ende, zweigen rechts in die **Verbindungsstraße** ab und halten uns links auf dem Fußweg der viel befahrenen Straße **Karlstal** geradeaus. Hier in **Karlstal 32** findet sich das letzte Street-Art-Gemälde auf unserem Weg, das 2016 von Barry Künzel geschaffene Porträt des Physikers Wilhelm Conrad Röntgen, der 1901 den ersten Physik-Nobelpreis erhielt. Es passt gut an die Wand neben dem Förde-Radiologicum, denn Röntgen entdeckte 1895 die nach ihm benannten Röntgenstrahlen.

Nun heißt es zügig weitergehen, um die sehr frequentierte Straße Karlstal rasch zu verlassen. Der Gedanke motiviert, in Kürze am Ufer des Kieler Hafens zu stehen. Und schon haben wir die Kreuzung erreicht, überqueren die Werftstraße, halten uns geradeaus auf dem **Gaardener Ring,** bevor er scharf rechts abbiegt. Wir laufen weiter geradeaus, sind nun in der Straße ⑫ **An der Halle 400.** Die 1939 in Stahlbeton-Skelettbau errichtete **Halle 400** weist eine wechselvolle Geschichte auf. Ursprünglich nutzte die HDW-Werft sie als Lagerhalle. Die Stadt Kiel wollte aus ihr ein Gebäude erschaffen, das sowohl Medien als auch Kulturschaffenden Entfaltungsräume bieten sollte, verkaufte jedoch aus finanziellen Gründen im Jahr 2000 die Halle 400 an private Investoren. Bis zur Wiedereröffnung 2002 gab es erneut umfassende Umbau- und Sanierungsarbeiten, bei denen viel vom historischen industriellen Charme erhalten geblieben ist, unter anderem ein Ladekran der HDW. Auf der anderen Straßenseite beginnt das neue Wohngebiet An der Hörn, in dem rund 440 Wohnungen und etwa 7400 Quadratmeter Gewerbeeinheiten entstanden sind, in bevorzugter Lage zu Förde und Innenstadt.

Am Ende der Straße sind wir an unserem letzten Wegabschnitt angekommen. Wir treten an das Willy-Brandt-Ufer und genießen den Blick auf den Hafen. Überall laden Bänke ein, zu verweilen und unsere spannende Tour Revue passieren zu lassen. Doch es locken auch vielfältige Einkehrmöglichkeiten an der nahe gelegenen Hörnbrücke. Bei diesem freundlichen Wetter wäre ein Eisbecher mit Blick auf das Bauwerk genau das Richtige. So stehen wir wieder auf und schlendern am Ufer sowie am Museumshafen zurück zu unserem Ausgangspunkt, der Hörnbrücke.

Wilhelm Conrad Röntgen

8

START/ZIEL: Bushaltestelle Seefischmarkt, 24148 Kiel
LÄNGE: ca. 2,7 Kilometer
DAUER: ca. 1,5 Stunden
ÖPNV: Bushaltestelle Seefischmarkt
PARKEN: Parken am Straßenrand in der Sohstraße, Wischhofstraße oder Brückenstraße, 24148 Kiel

UNTERWEGS ENTDECKT

1. Fischerhäuser
2. Arbeiterspeiseanstalt
3. Sportboothafen Wellingdorf
4. Seefischmarkt
5. Neue Salzhalle Kiel
6. Sportboothafen Seefischmarkt
7. Verwaltungsgebäude Marinearsenal
8. Geomar
9. Skulptur „Kybernetiker“

ESSEN + TRINKEN

Bistro Kaikante, Wischhofstraße 1–3, 24148 Kiel,
Tel. (01 76) 48 17 41 12, www.bistro-kaikante.de
(vom Frühstück bis zum Kaffee alles frisch und mit viel Fisch)

Gelateria Eiscafé Thaitalia, Schönberger Straße 27, 24148 Kiel,
Tel. (04 31) 12 87 47 75 (leckeres Eis, Kaffee, Kuchen und mehr)

IN WELLINGDORF AM WASSER

Der Seefischmarkt und der Meeresschutz

Kiel ist die Stadt des Meeresschutzes. Im neuen Geomar und in Gebäuden ringsum arbeiten Wissenschaft und Wirtschaft dafür eng zusammen. Viele Menschen suchen nach Möglichkeiten, die Erwärmung der Welt durch den Klimawandel abzubremsen. Was hier gedacht, erforscht und getestet wird, kann für die Menschheit noch eminent bedeutend werden. Bei unserem Spaziergang auf dem ehemaligen Gelände des Seefischmarktes kommen wir dem Leben mit dem Meer auf vielfältige Weise nah – wir erleben Vergangenheit, Gegenwart und Zukunft.

Diese Tour schenkt uns viele schöne Wasser- und Weitblicke. Der Startpunkt an der **Bushaltestelle Seefischmarkt** lässt das noch nicht erahnen, er ist von Autoverkehr und zweckförmigen Nutzbauten geprägt. Rund 8000 Menschen leben in dem von viel Grün umgebenen Stadtteil Wellingdorf, der idyllisch mit einem breiten Angebot der Naherholung an der Mündung des zweitgrößten Flusses Schleswig-Holsteins, der Schwentine, liegt. Dieses Kleinod der Natur erkunden wir im Spaziergang 9, den man auch gut vor oder nach unserer jetzigen Tour machen kann.

Von der City kommend, gehen wir die Straße einige Meter zurück. Wir überqueren die belebte **Schönberger Straße** an der Ampel der nächsten Kreuzung und treten geradeaus in den **Langenkampweg.** In diesem Mischgebiet aus Wohnen und Gewerbe wird es deutlich ruhiger. Am Ende der Straße sehen wir das eindrückliche Gebäude des Geomars, doch dieses wird erst am Ende der Tour unser Ziel.

Stattdessen biegen wir in die zweite Straße links ein, die **Brückenstraße,** die mit Kopfstein gepflastert ist. Im vorderen Abschnitt stehen Ein- und Zweifamilienhäuser aus Backstein mit schönen Vorgärten, die meist Ende der Fünfzigerjahre gebaut wurden. In der **Brückenstraße 25, 27 und 29** (linke Straßenseite) sowie **28** (rechte Straßen-

8 IN WELLINGDORF AM WASSER

Brückenstraße

seite) – nahe an der Schwentine gelegen – finden sich noch originale ① **Fischerhäuser.** Bis zur Mitte des 19. Jahrhunderts wohnten nur 400 Menschen im bäuerlich geprägten Wellingdorf. Das beschauliche Leben änderte sich, als 1893 die Schiffswerft Stocks und Kolbe ihren Betrieb an der Schwentinemündung aufnahm und sich 1901 die Hanf- und Drahtseilfabrik Andersen dazugesellte. Die Erweiterung der Kaiserlichen Werft verdrängte 1903 die Fischer aus dem benachbarten Ellerbek – sie wurden nach Wellingdorf umgesiedelt. Die 1903 angelegte Brückenstraße und die Straßen ringsum wurden zu einem neuen Zuhause für viele Fischer, denn hier hatten sie wieder einen nahen Zugang zur Förde. Architektonisch wurde mit der Tradition gebrochen, dass die Fischer in reetgedeckten Häusern lebten. Nun kam es zum Bau von 64 meist frei stehenden, einen entsprechenden Komfort vorsehenden Einzelhäusern. Zugrunde lagen Mustergrundrisse des Architekten Johann Theede, die man anpassen konnte. Die Kieler Zeitung schrieb im August 1903 zur neuen Siedlung: „Die neuen Häuser boten den Fischerfamilien nun endlich ausreichend Raum und den Wohnkomfort, der seit der Gründerzeit in

Deutschland Standard geworden war: trockene hohe Räume, die eine zeitgemäße Möblierung erlaubten, separate und hygienische Küchen, geschlossene Herde und Kachelöfen, die Installation von Gaslicht und kleine Gärten oder übersichtliche Hofplätze."

In der nahe gelegenen Schwentine ankerten die Boote, während die Fischer an Land die Netze trockneten und reparierten. Auch wenn der Fischfang immer mehr an Bedeutung verlor, prägte doch der Fischhandel diese Straße bis Ende der Siebzigerjahre des vorigen Jahrhunderts durch den Seefischmarkt (siehe Nummer 3). Heute lebt es sich auf jeden Fall beschaulicher – von wegen gute alte Zeit! Ein großer Lastwagenbetrieb herrschte damals in der Brückenstraße. Manchmal hüpften Fische vom Gerumpel des

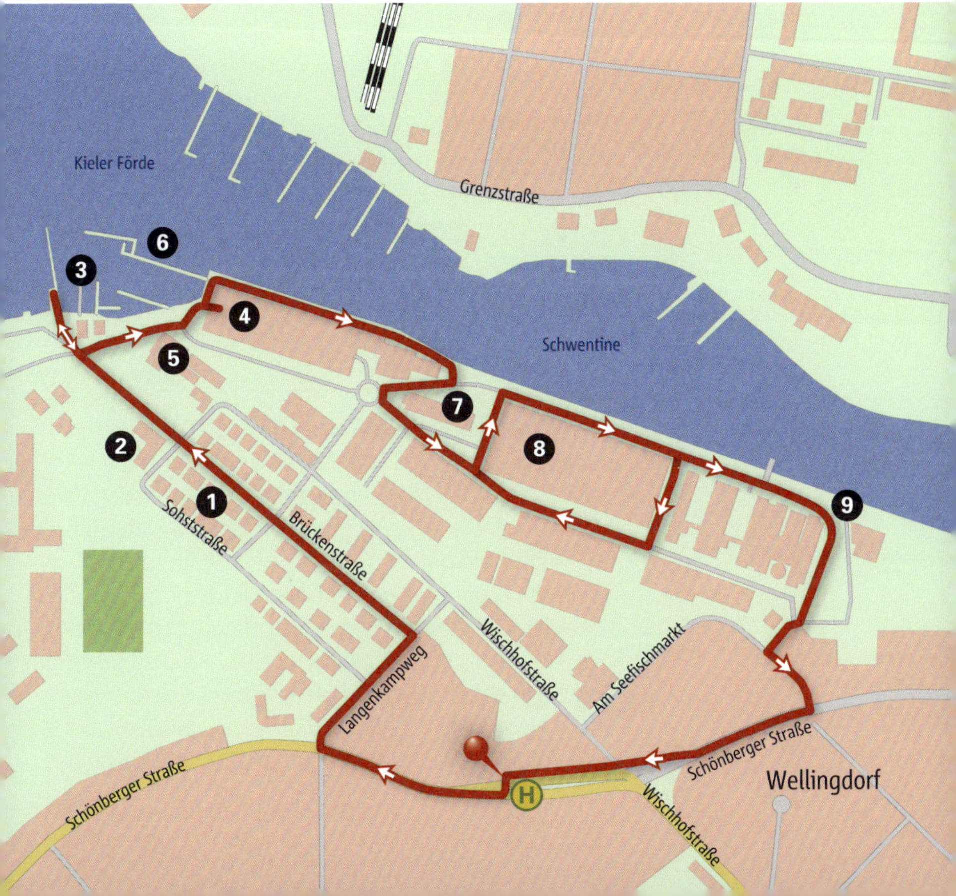

Pflasters auf die Straße, wo sie wenig betuchte Bürger aufsammelten, sauberwuschen und später als Festmahl der Familie servierten.

Arbeiterspeiseanstalt

In der **Brückenstraße 33** (linke Straßenseite) brauchen wir noch mehr Fantasie, um uns das heutige Wohngebäude, das einen U-förmigen Grundriss hat, als ❷ **Arbeiterspeiseanstalt** vorzustellen. Lediglich barockisierende Wandfelder an den Fronten zeigen eine ungewöhnliche Bedeutung an und das große Holztor lässt erahnen, dass hier früher die Lebensmittel angeliefert wurden für die rund 400 Arbeiter, die jeden Tag verköstigt wurden. In den Stenografischen Berichten des Reichstages von 1897/98 heißt es dazu: „Die Speiseanstalt liegt außerhalb der Werft. Sie soll den Beamten und Arbeitern der Werft gute Speisen und Getränke in angemessener Menge zu festgesetzten mäßigen Preisen liefern." Da gab es Suppe, Fleisch, Gemüse, Kartoffeln, Kaffee und Milch. Gerade im Winter kamen so viele Arbeiter zum Aufwärmen in die beheizten Räume, dass der Platz nicht ausreichte.

Am Ende der Straße, die nun „De Strand" heißt, funkelt verheißungsvoll das Wasser. Der Fluss Schwentine (siehe Spaziergang 9) bildet einen Hafen und gibt den Booten, die am ❸ **Sportboothafen Wellingdorf** ankern, ein Zuhause. Der ehemalige Fischereihafen wurde nachhaltig modernisiert und hat 170 Schiffsanlegeplätze mit einer Wassertiefe von 2 bis 5 Metern. Segler finden die für sie wichtige Infrastruktur wie Sanitäranlagen, einen Segelmacher, einen Schiffselektriker-Service und eine kleine Schiffswerft. Der unaufgeregte, verschlafene kleine Hafen verströmt den Charme des nicht Perfekten. Auf dem Hauptsteg findet sich am Ende ein nostalgisches hölzernes Unterstellhäuschen. Am Horizont sehen wir die Schwentinemündung – die Öffnung hin zur Kieler Förde, hinaus in die Weite des

Sportboothafen Wellingdorf

Seefischmarkt

Meeres. Das gegenüberliegende Ufer ist von Industrie geprägt, auf unserer Uferseite schließt sich die Marine an.

Wir gehen zur Straße zurück, auf dem Gehweg links an der kleinen **Schwentine-Werft** vorbei und treten durch das stets geöffnete Tor des Wissensquartiers 4 **Seefischmarkt.** Ursprünglich befand sich hier eine Torpedowerft, doch nach dem Zweiten Weltkrieg demontierten die Briten die Kriegswerften. Der damalige Kieler Bürgermeister Andreas Gayk überzeugte sie davon, die Stadt zum Standort der Hochseefischerei auszubauen; im März 1948 gründete sich die gemeinnützige Seefischmarkt GmbH. Im Spitzenjahr 1956 wurden 43.000 Tonnen Seefisch angelandet. Es herrschte emsiger Betrieb, rund 4000 Menschen arbeiteten in der Fischbearbeitung, in Eisfabriken, Kistenmachereien, Speditionen und anderen Bereichen. Kiel war der größte Handelsplatz für Süßwasserfische. In den Siebzigerjahren setzten die Krisenjahre ein: Der Fischverbrauch ging zurück, die Schiffe kamen meist aus der Nordsee und der lange Weg über den Nord-Ostsee-Kanal kostete unnötig viel Treibstoff, Zeit und Geld. 1979 wurde der Auktions- und Löschbetrieb aufgegeben und 1981 das Tiefkühllager geschlossen.

Neue Ideen für eine zukünftige Nutzung waren gefragt und wurden gefunden. Der Seefischmarkt wurde ein Gewerbegebiet, zunächst für alle Branchen. Seit 1993 siedeln sich bevorzugt Unternehmen aus marinen und maritimen Branchen an. Auch mehrere Fisch verarbeitende Betriebe und Feinkostunternehmen sind auf dem Gelände zu finden. Im Gebäude „Seefischmarkt“ kann man in einem Frischemarkt werktäglich direkt in der Kühlhalle köstliche hochwertige norddeutsche Feinkostsalate mit Fisch einkaufen und vielleicht gleich draußen auf einer Bank genießen, mit Blick auf die Schwentine und die Schiffe. Im Wissensquartier Seefischmarkt kooperieren Wissenschaft und Forschung im Bereich maritimer Technologien. Ein Forschungsgebiet mit eminenter Bedeutung ist der Schutz der Weltmeere und ihr Beitrag zum Schutz des Weltklimas.

Rechts vom Eingang zum Seefischmarkt liegt die 5 **Neue Salzhalle Kiel,** die Probebühne des Kieler Theaters. Auf den Brettern, die die Welt bedeuten, proben die Schauspieler während der Spielzeit für große Theateraufführungen. Immer wieder wird die Halle zu einem spannenden Veranstaltungsort, der die maritime Umgebung einbindet. Der Bühnenkomplex ist stolze 10 Meter hoch, auf ihn baute man zwei Stockwerke mit Büros als Deckel. Wohl dem, der beim Arbeiten auf das Wasser und die Schiffe blicken kann.

Im Wasser vom 6 **Sportboothafen Seefischmarkt** tummeln sich derweil Segel- und andere Boote. Die Schwentinemündung ist ein idealer Startpunkt für Segeltouren auf die Ostsee, denn hier ist es windberuhigt. Bis zu 72 Segelschiffe können faul ankern, bevor sie wieder auf Fahrt gehen. Die Hafeneinfahrt ist beleuchtet, auch nachts können Schiffe ankommen. Die gute Infrastruktur ist vergleichbar mit dem Sportboothafen Wellingdorf. An der Öffnung hin zur Kieler Förde schiebt sich gerade eine große Fähre der Stena Line ins Blickfeld und lässt die Segelboote klein erscheinen.

Wir gehen an der Uferkante entlang, rechts von uns steht das Gebäude des Seefischmarktes. Im Wasser liegen einige Schlepper und oft der dreimastige Segelschoner Thor Heyerdahl, denn Kiel ist der Heimathafen dieses stolzen Schiffes. Als Frachtmotorsegler wurde es 1930 vom

Neue Salzhalle

Sportboothafen Seefischmarkt

Am Marinearsenal

Stapel gelassen. Nach einem Umbau fährt es seit 1983 für den Thor-Heyerdahl-Verein. Von 2007 bis 2009 wurde die Thor Heyerdahl grundsaniert und hat nun erneut eine weltweite Fahrerlaubnis. Der Verein führt junge Menschen aus allen Schichten zusammen und fördert sie darin, selbstständig, mutig und verantwortungsbewusst zu werden. Immer wieder bietet er auch Tagestörns für Erwachsene an.

Nach der Schließung des Seefischmarktes wurden Gebäude frei. Darin haben sich hauptsächlich wissenschaftliche und technische Forschungs- und Studieneinrichtungen angesiedelt. An der Schnittstelle von Wirtschaft und Wissenschaft arbeiten sie zum Schutz der Weltmeere und des Klimas zusammen. In den Pausen treten die Mitarbeiter gern hinaus und blicken auf das Wasser. Es lohnt sich, mit den Wissenschaftlern ins Gespräch zu kommen und sie von ihren Ideen für den Meeresschutz erzählen zu lassen.

Nach den Gebäuden des Seefischmarktes folgt ein imposanter lang gestreckter, vierstöckiger kubischer Backsteinbau – das 7 **Verwaltungsgebäude des damaligen Marinearsenals.** Es wurde von 1938 bis 1940 gebaut und ist entsprechend dieser Zeit sachlich und monumental. An der schmalen Gebäudeseite im Eingangsbereich, auf Höhe des ersten Obergeschosses, sind zwei Nischen eingelassen. In jeder steht eine aus Muschelkalk gehauene Plastik des Kieler Bildhauers Erich Schmidt-Kabul (1897–1961). Eine der Skulpturen zeigt einen kräftigen stolzen Matrosen, die andere einen ebenso stählernen Werftarbeiter. Die Darstellung entspricht dem heroischen Menschenbild der NS-Zeit, vermittelt aber unabhängig davon durch ihre klare Formensprache eine kantige Schönheit. Der psychisch kranke Schmidt-Kabul gehörte selbst zu den von den Nazis verfolgten Deutschen, kollaborierte aber mit ihnen durch seine Mitgliedschaft in der SA und durch Auftragskunstwerke. Nach der Betrachtung kehren wir zum **Uferweg** an die Schwentine zurück.

Unmittelbar danach beginnt das Gelände des 8 **Geomar,** genauer gesagt des „GEOMAR Helmholtz-Zentrums für Ozeanforschung Kiel". Das Flaggschiff ist der im Herbst 2023 fertiggestellte Erweiterungsbau – ein Leuchtturm für die Meeresforschung. Er vereint alle Forschungsbereiche, die Verwaltung und zentrale Einrichtungen an einem hervorragend ausgestatteten Standort. Allein 166 Labore, 18 Klimakammern, ein 200 Kubikmeter großes Seehundbecken und eine 1400 Meter lange Seewasserleitung sind hier zu finden. Auch gehört Deutschlands einziges bemanntes Forschungstauchboot Jago dazu und es gibt zwei Liegeplätze für Forschungsschiffe. Das Geomar verfolgt die Mission, den Ozean und seine Funktionen zu verstehen und ihn für folgende Generationen zu schützen und zu erhalten. Die Meeresforschung hat in Kiel eine lange Geschichte. Samuel Reyher machte 1697 das erste meereswissenschaftliche Experiment und bestimmte den Salzgehalt der Kieler Förde.

Nicht nur das beeindruckt, was in den Gebäuden erforscht und entwickelt wird. Auf unserem Spaziergang ist es vor allem der moderne futuristische Neubau, der ins Auge fällt und sich trotz seiner imposanten Größe stimmig in das maritime Umfeld einfügt. Das liegt an den von den Entwicklern verwendeten Materialien und an der Gebäudeform. Die Staab Architekten GmbH gewann 2012 den Architekturwettbewerb. Es lohnt sich, das Gebäude von allen Seiten zu betrachten. Ein Sockel aus Cortenstahl setzt die bauliche Kante des Bestandsgebäudes fort, in ihm sind die Labore und Lager für Expeditionsgeräte. Darüber finden

8 IN WELLINGDORF AM WASSER

Geomar

sich für die Forschungsbereiche fünf Kuben, die sich in ihrer Höhe und ihren Proportionen unterscheiden. Eine prismatisch reflektierende Fassade ummantelt sie. Das Gesamtensemble assoziiert die Idee, es sei ein Schiff. Die Elemente der Glas-Aluminium-Fassade erinnern durch ihre Formgebung an Bootssegel und geben mit ihren Spiegelungen die maritime Lichtstimmung wieder.

Das neue Bauwerk schließt sich an ältere Gebäude des Geomars an. Zur Linken liegt der Anlegeplatz Wellingdorf, hier könnte man später mit dem Schiff statt mit dem Bus in die Innenstadt zurückfahren.

„Kybernetiker"

Zuvor schauen wir uns ein Kunstwerk an, das zu Füßen des alten Geomar-Gebäudes steht. Die 9 **Skulptur „Kybernetiker"** besteht aus zwölf lebensgroßen Figuren, der Künstler Anatol Herzfeld (1931–2019) schuf sie 1996. Die Körper in geometrischen Formen aus rostrotem Stahl stehen wie Roboter auf einem Podest. Alle tragen einen Zylinder, einen Koffer in der linken und einen Stab in der rechten Hand. Durch ihre starre, aufrechte Haltung wirken sie sehr entschlossen. Zwar stehen sie als Gruppe beieinander und blicken in die gleiche Richtung – auf das Wasser, auf die Mündung der Schwentine. Dennoch bleibt jeder für sich. Jede Figur scheint ganz in die Aufgabe versunken, sich auf die Reise zu begeben, um die Welt zu vermessen. Diese Figuren erinnern an die grauen Herren der Zeitsparkasse aus dem Buch „Momo" von Michael Ende. Doch dies ist eine subjektive Interpretation, die ein Kunstwerk immer auch anstößt.

Wir gehen nun an der Skulptur rechts vorbei und treten in die Straße **Am Seefischmarkt.** Dieser folgen wir zunächst geradeaus und biegen bei ihrer Teilung links ein. Sie führt uns direkt auf die **Schöneberger Straße;** wir folgen ihr einige Meter nach rechts und kommen wieder an unseren Ausgangspunkt, der **Bushaltestelle Seefischmarkt.**

9

START/ZIEL: Bushaltestelle Grenzstraße, 24149 Kiel
LÄNGE: ca. 5 Kilometer
DAUER: ca. 2 Stunden
ÖPNV: Bushaltestelle Grenzstraße
PARKEN: Parkplatz Grenzstraße oder Parkplatz An der Holsatiamühle 8, 24149 Kiel

UNTERWEGS ENTDECKT

1. Skulptur „Mündung der Ideen“
2. Alte Schwentinebrücke
3. Alte Mühle
4. Schwentine
5. Mäander-Fischpass
6. Alte Badestelle Vossenpott
7. Eisenbahnbrücke
8. Weiße Brücke
9. Autobrücke
10. Uferbereich

ESSEN + TRINKEN

Restaurant Alte Mühle, An der Holsatiamühle 8, 24149 Kiel, www.altemuehle-kiel.de, Tel. (04 31) 2 05 90 01 (regionale Spezialitäten, auch beim Mittagstisch, mit Schwentineblick genießen)

Café Luna, Schönberger Straße 6, 24148 Kiel, Tel. (04 31) 21 07 06 65, www.lunacafe.de (Café mit Wohnzimmerambiente und Schwentineblick, leckeren Frühstücksvarianten und Torten)

AN DER SCHWENTINE

Wildromantische Flusslandschaft

Idylle pur! Ein ungläubiges Staunen begleitet uns auf diesem Spaziergang – Kiel bietet nicht nur wundervolle Ausblicke auf die Förde, sondern schenkt uns am nordöstlichen Stadtrand auch eine wildromantische Flusslandschaft. Am Ausgangspunkt unserer Tour geht es maritim zu, hier mündet der Fluss Schwentine in die Kieler Förde. Neben erholsamer Natur erleben wir zugleich spannende Flusswirtschaft.

An der **Haltestelle Grenzstraße** im Ortsteil Neumühlen-Dietrichsdorf verlassen wir den Bus und gehen den **Heikendorfer Weg** in Fahrtrichtung zurück. Wir erhaschen erste schöne Ausblicke auf das Mündungsbecken der **Schwentine.** Schon bald sehen wir rechts von uns einen fünfstöckigen imposanten Backsteinbau, die **Schmerzklinik Kiel.** Erbaut wurde er 1938 im Bauhausstil als Konstruktionsgebäude der Anschütz-Werke. An diesen Ursprung erinnert vor der Klinik eine große Stahlskulptur mit dem Titel 1 **„Mündung der Ideen“** des weltweit bekannten Bildhauers Jörg Plickat. Die Skulptur würdigt die Verdienste von Hermann Anschütz-Kaempfe und Albert Einstein, die hier gemeinsam den Kreiselkompass zu einem Kugelkompass

„Mündung der Ideen“

Alte Schwentinebrücke

weiterentwickelten. Dieser wurde patentiert, ging 1925 in Produktion und revolutionierte die Navigation in der Schifffahrt. Auch nachdem der von den Nationalsozialisten verfolgte Einstein 1933 in die USA emigriert war, zahlte ihm die Firma Anschütz noch viele Jahre Lizenzgebühren. Der Titel der Skulptur verbindet die menschliche Schöpfungskraft mit dem Ort – der Schwentinemündung. An ihr haben sich wichtige Denkfabriken von Forschung und Wissenschaft angesiedelt wie die Fachhochschule Kiel und das Geomar.

An der Holsatiamühle biegen wir rechts ab und gehen geradeaus weiter. Das senfgelbe kubusartige Gebäude zeigt uns: Hier sind wir richtig. Kurz bevor wir es erreichen, treten wir rechts in einen geschotterten Uferweg und blicken uns um. Wir erleben einen großen Gegensatz von modern und alt, auch in unserer Fantasie. Auf der gegenüberliegenden Uferseite liegt der Stadtteil Wellingdorf mit Seglerhäfen und den Gebäuden des Seefischmarktes wie dem neu erbauten futuristischen Geomar (Spaziergang 8 führt uns dorthin).

Zu unserer Linken blicken wir auf verfallene Fundamente, schöne gemauerte Rundbögen, die bis zum Wasser reichen – Spuren der 2 **Alten Schwentinebrücke** von 1874. An den Ufern der Schwentinemündung liegen die ältesten Siedlungsgebiete Kiels. Ab dem 13. Jahrhundert nutzten

Wassermühlen das Gefälle der Schwentine und betrieben mit der Wasserkraft Mühlräder, die beispielsweise Korn oder Öl mahlten. In der Folge siedelten sich Fuhrleute und Handwerker mit ihren Familien in Neumühlen und Wellingdorf an. Die Infrastruktur wurde besser, Häuser wurden gebaut – immer mehr Menschen zog es hierher. Auf dem Gelände einer alten Mühle wurde um 1860 direkt auf der Alten Schwentinebrücke die Holsatiamühle errichtet, mit zunächst sechs Geschossen und sechzig Mahlgängen. Ein verheerender Brand zerstörte sie weitgehend. Danach wurde sie zum größten Mühlenbetrieb im gesamten Deutschen Reich wieder aufgebaut, mit 80 Metern Länge, acht Geschossen und achtzig Mahlgängen. Das heute rund 15 Geschosse umfassende Speichergebäude aus Backstein im

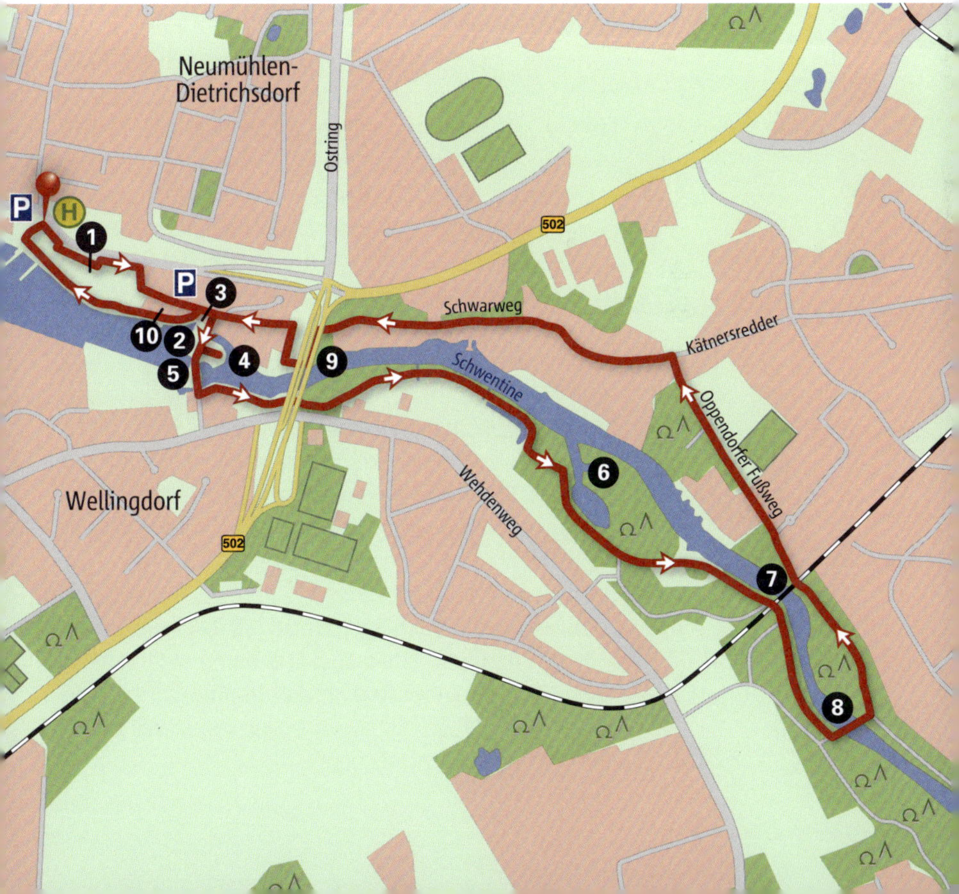

Alte Mühle

Norden – zu unserer Linken – wurde 1934 erstellt. Später wurde es umgebaut und dient gegenwärtig als Studentenwohnheim. Als die Umweltbelastungen durch die Emissionen zu stark für die in der Nähe arbeitenden und lebenden Menschen wurden, stellte die Holsatiamühle 1992 ihren Betrieb ein. Jahrzehnte stand sie leer und verfiel immer mehr; schließlich wurde sie 2008 abgerissen. Das Maschinenhaus blieb in Teilen erhalten, dorthin gehen wir nun.

Wir kehren auf die Straße **An der Holsatiamühle** zurück und folgen ihr, bis wir vor dem senfgelben Gebäude stehen. Heute beherbergt es das Restaurant 3 **Alte Mühle.** Zwar wurde das Haus an drei Seiten neu gestaltet, es zeigt aber zugleich Originalmotive, die aus älteren Umbauten herausgearbeitet wurden. Hierzu gehören auf der Westseite die Rundbögen sowie die sandgestrahlten gusseisernen Säulen. Dank des Denkmalschutzes und fähiger Architekten verbindet sich in der Alten Mühle ehemalige Industriearchitektur auf das Schönste mit modernen Errungenschaften. Von der Terrasse aus sind die verrosteten Turbinenanlagen der Mühle zu sehen, die einst die Mahlmaschinen antrieben. In ihnen sind Kräuterbeete angelegt. Angedacht ist, diesen Bereich, das Kellergeschoss und die um 1800 errichteten Granitquaderbrücken wieder freizulegen und begehbar zu machen.

Rechts vom Gebäude betreten wir die **Schönberger Straße,** diese wird zu einer Brücke und verbindet die beiden durch die Schwentine getrennten Stadtteile Neumühlen-Dietrichsdorf und Wellingdorf miteinander. Auf der Brücke gibt es allerlei Sehenswertes und Wissenswertes zu entdecken. Nach wenigen Metern liegen links in einer kleinen Schwentinebucht verschiedene Boote. Hier ist die Schwentinetalfahrt angesiedelt. Seit 1904 starten Boote zu Erkundungsfahrten durch das idyllische, weitgehend der Natur überlassene Urstromtal der 4 **Schwentine.** Wer Zeit mitgebracht hat, leiht sich im Sommer eines der vielen Ruderboote, Kanus oder Stand-up-Paddles aus und erkundet den Fluss von der Wasserseite. Frei und abenteuerlich fühlt es sich an, das eigene Boot zu lenken. Auch eine bequeme Variante gibt es: die motorisierte Fahrt mit dem Ausflugsschiff. Vor allem in den Ferienwochen ist der Bootsverleih ein vielfach genutztes Ausflugsziel. In seinem Bereich ist die Schwentine durch ein Wasserkraftwerk aufgestaut, es gibt für Schiffe keine Durchfahrt in den Mündungsbereich und damit in die Kieler Förde.

Nachdem wir die vielfältigen Ausblicke beim Bootsverleih genossen haben, schenkt die Informationstafel zum

Schwentine

9 AN DER SCHWENTINE

DIE SCHWENTINE

Der Name stammt vom slawischen „Sventana“ ab und bedeutet „die Heilige“. Mit beinahe 70 Kilometern ist die Schwentine einer der längsten Flüsse in Schleswig-Holstein. In fast 120 Metern Höhe entspringt sie in mehreren Quellbächen am Fuße des Bungsbergs, des höchsten Punkts des Landes. Auf einer idyllischen Strecke durchfließt sie die Holsteinische Schweiz, fließt durch Eutin, Bad Malente, Plön, Preetz und Schwentinental, bis sie in Kiel mündet. Dabei durchquert die Schwentine 16 natürliche Seen und einen Stausee. Sie verläuft kurvig und flach, daher eignete sie sich nicht sonderlich für den Handel und den Transport, sondern es siedelten sich vorrangig Mühlen an. Sie fließt durch Wiesen, Wälder und durch tiefe Schluchten, wie sie sonst nur im Gebirge zu finden sind; diese wusch das Schmelzwasser der letzten Eiszeit vor rund 15.000 Jahren aus.

Bei Ruderern und Paddlern erfreut sich der Fluss enormer Beliebtheit. Seit die großen Mühlen aufgegeben worden sind, wandelt sich der Bereich der Schwentinemündung von einer Industriebrache zu einem Naherholungsgebiet für die Kieler.

Laufwasserkraftwerk Schwentinemündung den Interessierten detailliertes Fachwissen. Zum Betreiben verschiedener Mühlen wurde die Wasserkraft von 1250 bis 1945 genutzt, danach einige Jahrzehnte nicht mehr. Seit 2013 gibt es eine neue Wasserkraftanlage, die ökologisch-nachhaltige Energie für etwa 200 Haushalte erzeugt.

Wir wechseln auf die andere Straßenseite und gehen ein paar Meter geradeaus. Hier sollten wir den Blick aufmerksam nach rechts wenden, bis wir auf den 5 **Mäander-Fischpass** stoßen, eine Fischtreppe in Form einer Wendeltreppe. Die Wehranlage staut den Fluss an und verhindert, dass Fische und Kleintiere vom Unter- ins Oberwasser gelangen und umgekehrt. Die Fischtreppe an der Schwentinemündung unterteilt diesen großen Höhenunterschied in elf kleine Stufen, die die Fische überwinden können. Von Becken zu Becken fließt das Wasser durch Schlitze im gekiesten Boden. Auch Fische, die sich am Grund orientieren, können sich barrierefrei bewegen. Die runden Becken reihen sich so aneinander, dass sich eine durchgehende Strömung bildet, mit einer Ruhezone in der Beckenmitte. Dieses System kopiert im Kleinen einen sich mäandernden – schlängelnden – Fluss. Vor allem für die Meeresforelle ist die Fischtreppe lebenswichtig. Sie schwimmt im November und im Dezember zum Laichen aus dem Meer in kiesigen Bachgrund.

Wir gehen die **Brücke** bis zum Ende und wechseln dann auf die andere Straßenseite. Direkt hinter der Brücke zweigt links ein geschotterter Weg ohne Schild ab, links von ihm fließt die Schwentine, rechts stehen moderne Mehrfamilienhäuser. Auf dieser Tour sollte man immer dem nächstgelegenen Weg entlang des Flusses folgen. An Gabelungen kennzeichnet meist ein weißes X auf schwarzem Grund unseren Weg. Schon bald unterqueren wir eine Autobrücke. Unter dieser parken auf der anderen Uferseite einige Wanderer und Kajakfahrer ihre Fahrzeuge. Hier rauscht über uns der Verkehr hinweg; mit liebevoller Fantasie können wir es für Flussrauschen halten. Doch bereits wenige Meter dahinter wird es deutlich ruhiger. Der Weg ist nun geteert und steigt leicht an, nach links geht es wieder nah heran an die Schwentine. Noch mischen sich die Zeichen der Natur mit der urbanen Zivilisation. Auf der rechten Seite liegen zunächst Einfamilienhäuser mit schönen Gärten, später gibt es immer wieder idyllische Feuchtgebiete. Manchmal führt der Weg etwas mehr vom Fluss weg. Die Natur scheint sich selbst überlassen zu sein; es ist ein üppiges Grünen, immer wieder sieht man umgefallene Baumriesen, aus denen neues Leben sprießt. Auch das Heraustreten auf einen kleinen **Steg** lohnt sich. Es schärft die Sinne, genau hinzusehen und hinzuhören: Weidenzweige wiegen sich über uns im Wind, Schlingpflanzen erobern den Flussgrund, ein handtuchgroßes Feld mit Entengrütze (Wasserlinsen) erfreut das Auge, Vögel zwitschern und Libellen schweben über dem Wasser.

Mäander-Fischpass

9 AN DER SCHWENTINE

Ein Naturidyll – nicht vorstellbar, dass wir am Rande einer Großstadt unterwegs sind.

Nach einigen Weggabelungen kommen wir an einen seeförmigen Abschnitt mit vielen Seerosenblättern. An diesem geschichtsträchtigen Ort laden Bänke zum Ausruhen ein. Die 6 **Alte Badestelle Vossenpott** war bis 1972 eines der wenigen Stadtbäder – mit Kassenhäuschen, einer Liegewiese und einem Becken, das durch einen Zaun in einen Nichtschwimmer- und einen Schwimmerbereich unterteilt war. Meist war das Bad sehr voll. Viele Menschen lernten hier das Schwimmen, bevor sie sich in die gefährlichere Ostsee stürzen konnten. Aus Hygienegründen wurde das Bad schließlich geschlossen; viele bedauern es noch heute. Inzwischen hat sich die Natur alles zurückerobert. Auf der ehemaligen Liegewiese wachsen prächtige Bäume und im Wasser blühen bald wunderschöne Seerosen. Kurz hinter der Badestelle steigt der Weg an – wer behauptet, im Norden sei es nur flach, wird eines Besseren belehrt. Immer wieder ist es schön zu sehen, dass die Schwentine ihrem natürlichen Lauf folgen darf. Sie wurde nicht begradigt, sondern darf mäandern. Ein wunderbares Biotop!

Ganz unvermittelt taucht in einer kleinen Biegung die mächtige 72 Meter lange und 12 Meter hohe 7 **Eisen-**

Alte Badestelle Vossenport

bahnbrücke auf, die über die Schwentine führt. Etwa 120 Jahre hielt die Vorgängerbrücke, schließlich wurde sie 2018 erneuert, behielt aber die historische Anmutung. Die Grundpfeiler blieben stehen, der Rest wurde mit modernem Material renoviert. Die Brücke heißt im Volksmund „Hein Schönberg". Die drei Stahlbrückenelemente sind jeweils 24 Meter lang, jedes einzelne wiegt 57 Tonnen. Über die Brücke verkehrt ein Nahverkehrszug von Kiel bis zum 24 Kilometer entfernt liegenden Ziel Schönberger Strand als Endpunkt.

Eisenbahnbrücke

Nach der Eisenbahnbrücke ist es nur ein kurzes Wegstück bis zur 8 **Weißen Brücke,** die auch uns über die Schwentine bringt und auf der anderen Uferseite zum Ausgangspunkt zurückführt. Die 1937 erbaute Weiße Brücke wurde 1944 zerstört und 1949 wieder aufgebaut. Seitdem ist sie eine der wenigen Möglichkeiten, um trockenen Fußes auf die andere Seite des Flusses zu kommen. Wenn man kurz zuvor gelogen hat, bricht die Brücke allerdings ein, deshalb heißt sie im Volksmund „Lügenbrücke". Dass sie noch steht, spricht für die Wahrhaftigkeit der Besucher. Es lohnt sich, oben stehen zu bleiben, denn sie schenkt einen fantastischen Rundumblick auf die Schwentine, auf zaubervoll blühende Seerosen und die üppige Ufervegetation. Immer wieder sieht man Paddler, Ausflugsboote und Wasservögel.

Wenn wir die Brücke überquert haben, biegen wir links in den **Oppendorfer Fußweg** ein. Erneut halten wir uns immer möglichst weit links, an der Schwentine entlang. Der Weg führt nun meist einige Meter oberhalb des Flusses, einmal fällt eine kleine Schlucht zu ihm hinab. Viele prächtige Buchen säumen unseren Weg. Bald leitet uns der Weg wieder unter der Eisenbahnbrücke hindurch. Hinter ihr halten wir uns weiter links. Die Zivilisation hat uns zurück, wir kommen nun in eine Siedlung, gehen durch ein Wohngebiet mit schönen Backsteinhäusern und ohne Autoverkehr. Nach einem kurzen geteerten Wegstück führt ein geschotterter Abschnitt durch laubenartiges Grün an Häusern vorbei. Bald geht es eine Treppe hinunter, wir biegen links in den **Scharweg** ein (Achtung, nicht die erste Möglichkeit links wählen, das ist ein Privatgrundstück). Der Oppendorfer Weg hat uns kurzfristig vom Kieler Stadtgebiet weggebracht, wir befanden uns in der Gemeinde Schönkirchen, die zum Kreis Plön gehört. Nun betreten wir wieder den Boden der Landeshauptstadt. Am rechten Hang liegen villenartige Häuser, links Reihenhäuser – alle Anwesen haben einen schönen Blick auf die Schwentine, die auch wir zwischen den Häusern durchschimmern sehen. Kurz hinter dem Vereinszaum eines Anglervereins lädt ein öffentlich zugänglicher Uferabschnitt dazu ein, an den Fluss heranzutreten und einige Augenblicke zu verweilen.

Bald nähern wir uns der vielspurigen 9 **Autobrücke,** die wir schon auf der anderen Uferseite unterquert haben. Von diesem großen Wanderparkplatz starten viele Kanuten ihre Tour, da sie hier einen leichten Zugang zur Schwentine finden. Aufwendige Graffitis zieren die Brückenpfeiler. Die Brücke stellt die Verbindung zwischen dem belebten Startpunkt dieses Spaziergangs und dem weitgehend unberührten Naturidyll entlang der Schwentine dar. Sogar das Ge-

Weiße Brücke

Autobrücke

bäude der Alten Mühle liegt geradeaus in Sichtweite. Wir lassen sie hinter uns und treten zum Abschluss noch einmal links in den Schotterweg, nah heran an das Mündungsgebiet der Schwentine.

Uferbereich

Der ⑩ **Uferbereich** wurde in den letzten Jahren auf beiden Seiten des Flusses neu gestaltet. An der Mündung der Schwentine in die Kieler Förde war das Ufer viele Jahrhunderte gewerblich geprägt – durch Werften, große Mühlen und Fischerei. Die Schifffahrtskrise war für Kiel auch städtebaulich eine Herausforderung. Es galt, brachliegende und vernachlässigte Flächen zu sanieren und ein schlüssiges Gesamtkonzept zu entwickeln. Dieses steht unter dem Motto: „Wohnen und Arbeiten in Wassernähe." Der Kraftakt gelang – durch die Ansiedelung der Fachhochschule Kiel, von Medizinunternehmen und Meeresforschungsinstituten sowie einer Grunderneuerung des Areals rund um die Schwentinebrücke. Seit 2010 ist dieses Gebiet des Kieler Ostufers auf dem Weg, ein lebendiges urbanes Kraftzentrum mit hoher Lebensqualität zu werden. Wir setzen uns auf eine der vielen Bänke, lassen den Blick umherschweifen und genießen, bevor wir noch ein Stück am Ufer entlanggehen und zu unserem Ausgangspunkt zurückkehren.

10

START/ZIEL: Bushaltestelle Flandernbunker, 24106 Kiel
LÄNGE: ca. 4 Kilometer
DAUER: ca. 1,5 Stunden
ÖPNV: Bushaltestelle Flandernbunker
PARKEN: Parkplätze Tirpitzmole Kiel P1 und P2, 24106 Kiel

UNTERWEGS ENTDECKT

1. Gorch Fock
2. Skulptur „Hafen 77"
3. Flandernbunker
4. Anscharpark
5. Atelierhaus im Anscharpark
6. Co-Working-Haus
7. Petruskirche
8. Technische Marineschule
9. Wasserturm
10. Straßenbahn-Warteraum
11. Boltenhagener Straße

ESSEN + TRINKEN

Café Dreimaster in der Petruskirche, Weimarer Straße 3, 24106 Kiel, Tel. (01 76) 72 15 38 41 (in hellen, harmonischen ehemaligen Kirchenräumen am Wochenende bei leckeren kleinen Speisen, Kaffee und köstlichem Kuchen entspannen und genießen)

Biosk Tante Suse, Adalbertstraße 19, 24106 Kiel, Tel. (01 76) 94 22 26 60, (nachhaltige Bioprodukte in einem Tante-Emma-Laden, Kaffee, Kuchen, vegane Suppen und Quiches)

IM MARITIMEN VIERTEL WIK

Alte Bauten und neues Wohnen

Es ist nicht zu übersehen: Die Marine hat Kiel stark geprägt und tut das noch heute – durch die Lage der Stadt nahe der Ostsee und durch ihre Werften. Der Anblick der Schiffe, die der Verteidigung dienen, macht nachdenklich. Der Blick auf das stolze Segelschulschiff Gorch Fock weckt dagegen nostalgische Empfindungen.
Unseren Spaziergang prägen allerdings ganz andere, unbeschwerte Eindrücke. In erster Linie entdecken wir in Wik ein äußerst lebendiges und buntes Wohn- und Kulturviertel, das auf dem Gelände des ehemaligen Marine- und Garnisonslazaretts entstanden ist.

Vom Startpunkt, der **Bushaltestelle Flandernbunker** (siehe Nummer 3), machen wir einen Abstecher und gehen die **Kiellinie** in Richtung Kieler Förde entlang, bis wir direkt am Ufer des Wassers stehen. Hier liegt an der Gorch-Fock-Mole der Heimathafen des stolzen Segelschulschiffs ❶ **Gorch Fock.** Der „weiße Schwan der Ostsee", wie sie gern genannt wird, lief 1958 vom Stapel und trägt den Namen eines Seefahrtdichters. Vor wenigen Jahren wurde die Dreimastbark von Grund auf saniert. Die Masten und der Rumpf sind aus Stahl; selbst bei stärksten Wellen liegt das fast 90 Meter lange Schiff stabil auf See, mit über 400 Tonnen Ballast im Rumpf. Stolze 1800 Quadratmeter umfassen die 23 Segel. Die Gorch Fock ist nicht nur als Trainingsschiff für Offiziersanwärter bedeutsam, sondern auch als schwimmende „Friedensbotschafterin" unterwegs. Wo immer sie die Häfen auf der Welt ansteuert, heißt es „open ship" und die Besatzung schenkt bei Führungen Einblicke in den Alltag an Bord. Wer bei dem Anblick der Gorch Fock Sehnsucht bekommt, mit in See zu stechen, sollte wissen: Der Alltag an Bord ist kein Zuckerschlecken.

Gorch Fock

10 IM MARITIMEN VIERTEL WIK

„Hafen 77"

Flandernbunker

Auf 12 Quadratmetern schlafen 30 Personen in über- und nebeneinander angebrachten Hängematten. Die Tage an Bord prägen herausfordernde Übungen, lange Nachtwachen und häufige Fahrten durch die stürmische See mit meterhohen Wellen.

Wir gehen auf der Kiellinie wieder zurück und wenden uns der linken Straßenseite zu. Hier gibt es eine üppige **Orchideenwiese,** ein Landschaftsschutzgebiet mitten in der Stadt. Davor steht, zur Straße ausgerichtet, eine große Skulptur aus rostigen Stahlplatten. Ganz gleich, ob sie einem gefällt oder nicht, man bleibt stehen, betrachtet sie, liest die kurze Erklärung, staunt und erkennt immer mehr, dass die 2 **Skulptur „Hafen 77"** tatsächlich Kunst ist und spannende Perspektiven schenkt. Es lohnt sich, sie von allen Seiten anzusehen. Der Schweizer Künstler Felix Fehlmann schuf sie 1977 mit vielfältigen maritimen Bezügen. Es ist Recyclingkunst – von einem abgewrackten um 1930 erbauten Kohlefrachter verwendete Fehlmann die genieteten rostigen Stahlplatten, schnitt sie zurecht und schweißte sie in alle Richtungen so zusammen, dass sie an aufgetürmte, schaukelnde Wellen erinnern oder an ein Schiff – je nach Interpretation. Zugleich assoziieren die dicken Schiffstaue, mit denen die Skulptur an Pollern festgemacht ist: Hier liegt ein Schiff an Land. Das Kunstwerk soll eine weltoffene internationale Schifffahrt und sichere Häfen symbolisieren.

Auf der linken Straßenseite folgen wir der Kiellinie weiter geradeaus. Vor einem lang gestreckten Backsteingebäude liegt eine beeindruckende Boje an Land. Hier ist die Generaldirektion Wasserstraßen und Schifffahrt angesiedelt. Wir gehen weiter geradeaus im Rechtsbogen und sehen nun bald wieder rechts den 550 Quadratmeter großen 3 **Flandernbunker,** der seit 2004 unter Denkmalschutz steht. Vor der Front dieses schmucklosen grauen, trutzigen Quaders biegen wir rechts in die **Schweriner Straße** und stehen am Eingang der Gedenkstätte. Im Zweiten Weltkrieg residierte hier zunächst die Flugabwehr- und Notkommando-Zentrale, zum Kriegsende fand auch die zivile Bevölkerung bei einer Wandstärke von über 2 Metern Schutz vor Angriffen. Der Verein Mahnmal Kilian hat es sich zur Aufgabe gemacht, den Bunker als geschichtliches Monument zu erhalten. Mit fachkundig

konzipierten wechselnden Ausstellungen bietet er lebendigen Geschichtsunterricht. Die Ruine symbolisiert die Niederlage im Zweiten Weltkrieg und dokumentiert zugleich, welche Verwerfungen Kriege anrichten. In einem Raum setzt der Verein mit Menschen, die vor dem Krieg geflüchtet sind, Kunstprojekte um.

Weiter geht es wenige Schritte auf der **Schweriner Straße** geradeaus, dann überqueren wir die Kiellinie, biegen nach links in sie ein und halten uns geradeaus bis fast zum Ende. Hier geht vor einer großen Kreuzung rechts der Weg **Im Anscharpark** ab und führt uns nach wenigen Metern in den 4 **Anscharpark,** eine grüne und kreative Insel von gut 60.000 Quadratmetern mitten in der Stadt. Auf diesem Gelände befand sich das zwischen 1903 und 1907 gebaute Marine- und Garnisonslazarett. Zu den etwa 20 Gebäuden gehörten beispielsweise Pavillons für die Kranken, Verwaltungs- und Wirtschaftsgebäude, eine Großküche, eine Kapelle und ein Gemüsegarten. Im Laufe der Jahre verkam das nicht mehr genutzte Lazarett. Die meisten der eigentlich denkmalgeschützten Pavillons wur-

Anscharpark

Atelierhaus

den abgerissen, aber Gebäude mit guter Bausubstanz wie das Pförtnerhaus wurden denkmalgerecht saniert. Alle noch erhaltenen Bestandteile sind durch dekorative Fassaden geprägt, mit einem Wechsel von Backsteinmauerwerk und verputzten Flächen. Auch Jugendstilelemente wie Walmdächer, geschwungene Giebel und Türme zieren die Bauwerke. Das Gelände wurde von 2017 bis 2018 umgestaltet und moderne Wohnblocks füllten die Baulücken. Die ursprünglichen Wege und Sichtachsen blieben erhalten, deshalb harmonieren die alten und die neuen Bauten erstaunlich gut.

Zur Rechten fällt der Blick auf einen imposanten historischen Schornstein und ein dazugehöriges Backsteingebäude. Heute befindet sich hier das 5 **Atelierhaus im Anscharpark.** Wir umrunden das Gebäude und lassen die Architektur auf uns wirken. Zu Lazarettzeiten waren hier die Großküche mit Speisesälen sowie die Wasch- und Plättanstalt untergebracht. Heute haben Künstler in Ateliers unterschiedlicher Größe inspirierende Arbeitsräume gefunden. Der Eingang zur Galerie liegt an der nächsten Abzweigung rechts, der Heiligendammer Straße. Auch wenn eben keine Ausstellung gezeigt werden sollte, lohnt sich ein Blick durch

Co-Working-Haus

die Scheiben ins Innere des Ausstellungsraumes, der noch viele historische Elemente wie den Fliesenfußboden trägt. Direkt daneben liegt die ehemalige Fernwärmezentrale, das Kesselhaus, mit dem weiß-rot gemauerten markanten Schornstein. Drei mit Kohlen beheizte Dampfdoppelkessel versorgten hier um 1900 alle Krankenhausgebäude über unterirdische Kanäle mit Fernwärme. In einer Phase der Zwischennutzung darf der Kunstverein Haus 8 das Kesselhaus für Projekte bespielen.

Wir gehen weiter geradeaus bis zum Ende des Weges **Im Anscharpark.** Auf der rechten Seite liegt das beeindruckende ehemalige Verwaltungsgebäude des Marinelazaretts, heute ein 6 **Co-Working-Haus,** in dem unter anderem die Heinrich-Böll-Stiftung Schleswig-Holstein ihren Sitz hat.

Durch ein altes schmiedeeisernes Tor verlassen wir den Anscharpark und biegen links in die **Weimarer Straße** ein. Nach wenigen Metern erhebt sich auf der rechten Seite ein imposanter Backsteinbau, die 7 **Petruskirche.** Beauftragt von Großadmiral Alfred von

Petruskirche

Tirpitz, wurde sie in den Jahren 1905 bis 1907 für die evangelischen Militärangehörigen gebaut. Die Architekten Robert Karl Moser und Robert Curjel schufen eine der größten und bedeutendsten Jugendstilkirchen. Der Großadmiral forderte eine Baueinheit aus Kirche, einem Saal für die Konfirmanden und einem Pfarrhaus sowie ein Verwaltungsgebäude aus großen Backsteinen im Klosterformat. Die Kirche wurde nicht wie üblich nach Osten ausgerichtet, sondern nach Norden, damit sie Platz hat, sich zu entfalten. Bomben zerstörten die Kirche teilweise, mithilfe von Spenden konnte sie 1949 wieder aufgebaut werden.

Marineschule

Wir gehen die Straße bis zum Ende und biegen rechts in die **Adalbertstraße** ein, halten uns weiter geradeaus und dann geht es rechts in die **Arkonastraße.** In dem Backsteinbau Arkonastraße 1, der ehemaligen ⑧ **Technischen Marineschule,** finden sich aktuell das **Technikmuseum** (rechts vom Torhaus) und eine Gemeinschaftsunterkunft für Geflüchtete und obdachlose Menschen. Der Bau erstreckt sich über mehrere Häuserzeilen und Straßenabschnitte, von 1956 bis 2002 beherbergte er die Technische Marineschule Kiel. Die Gebäude, die unter Denkmalschutz stehen, zeigen den Stil der Heimatschutzarchitektur. Die Linden des begrünten Innenhofs stammen noch aus der Gründungszeit. Aktuell laufen die Planungen, auf dem Areal bezahlbaren Wohnraum zu schaffen, kombiniert mit kulturellen, sozialen und gastronomischen Angeboten.

In der ehemaligen Maschinenhalle hat der Verein Maritimes Viertel – Kultur am Kanal (www.maritimesviertel.de) ein Museum eingerichtet und gestaltet Ausstellungen rund um die maritime Technik und Wirtschaft Kiels. Hier kann man im

Wasserturm

Maßstab 1 zu 87 das historische Kiel der Dreißigerjahre in dreidimensionalen Papiernachbauten entdecken.

Die Straße macht einen Linksbogen und geht in die **Herthastraße** über. Auf der linken Seite liegen weiterhin die Gebäude der ehemaligen Technischen Marineschule, auf der rechten Seite wird bald der imposante und ansehnliche ⑨ **Wasserturm** sichtbar. Um ihn aus der Nähe zu betrachten, folgen wir einem kleinen Weg nach rechts. Gut 34 Meter hoch ist der 1904 gebaute Wasserturm mit zylindrischem Schaft und achteckig gestaltetem Behälterbereich, zusammen mit dem Wasserwerk versorgte er die damalige neue Marineschule mit ihren Kasernen und Wohnanlagen. Im Turmkopf befindet sich der Behälter aus genietetem Stahl; er konnte 300 Kubikmeter Wasser fassen, das mit Pumpen aus dem Untergeschoss verteilt wurde. Der hervorragend sanierte Turm ist im Erdgeschoss mit roten Backsteinen ummauert und darüber verputzt. Im Behälterbereich ist er hübsch verziert mit Backsteinen und Putzflächen. Das Wasserwerk wurde 1966 stillgelegt, der Turm diente bis 1981 als Zwischenspeicher für die Fernheizung. Seit 1992 steht er unter Denkmalschutz, wurde verkauft und ist nun zum originellen Wohnturm geworden.

Straßenbahn-Warteraum

Dieser Weg war früher eine Wendeschleife für die Straßenbahn. Wenn wir ihn wieder verlassen, fällt unser Auge auf einen ehemaligen ⑩ **Straßenbahn-Warteraum,** der heute gegen ein geringes Entgelt für private Feiern vermietet wird. Im Innern sorgt bei kalten Temperaturen ein Holzofen für Wärme. Kurz hinter dem heute Kuddel genannten Gebäude folgen wir einem Fußweg nach rechts, er führt als Abkürzung auf die **Rostocker Straße,** in die wir rechts einbiegen. Von hier können wir den Wasserturm noch einmal aus einer anderen Perspektive betrachten.

Anscharpark

Wir überqueren die Rostocker Straße an der Kreuzung zur Weimarer Straße und folgen ihr weiter geradeaus, sie führt uns geradewegs über die Heiligendammer Straße, in die sie übergeht, in den Anscharpark zurück. Wir gehen bei der zweiten Möglichkeit links in die 11 **Boltenhagener Straße.** Diese flanieren wir auf und ab, denn sie zeigt exemplarisch die Stärken dieses gelungenen Wohnprojektes. Kurz vor ihrem Ende biegen wir links in die Reriker Straße ab, die uns in einem Bogen auf den Weg Im Anscharpark zurückführt, in den wir links einbiegen. Ab jetzt gehen wir denselben Weg zurück, den wir gekommen sind: Wir überqueren die Kreuzung, biegen links in die Kiellinie – diesmal auf der anderen Fahrbahnspur. Gegenüber prangt auf einem weiß verputzten Haus der Name „Villa Nolde". In diesem historischen Gebäude wohnte viele Jahre Leonhard Hansen mit seiner Frau Margrethe; er war der Bruder des berühmten expressionistischen Malers Emil Nolde. Wir folgen der Kiellinie Richtung Förde bis zu unserem Ausgangs- und Endpunkt, der **Bushaltestelle Flandernbunker.**

Tante Suse

11

START/ZIEL: Bushaltestelle Wik Kanal, 24106 Kiel
LÄNGE: ca. 5,5 Kilometer
DAUER: ca. 3 Stunden
ÖPNV: Bushaltestelle Wik Kanal
PARKEN: Schleusenstraße, 24106 Kiel

UNTERWEGS ENTDECKT

1. Aussichtsplattform Schleuse
2. Nord-Ostsee-Kanal
3. Holtenauer Hochbrücke
4. Fähre über den Nord-Ostsee-Kanal
5. Holtenau
6. Kanalstraße
7. Kanalpackhaus mit Obelisk
8. Seebadeanstalt Holtenau
9. Seelotsen-Versetzstation
10. Leuchtturm Kiel-Holtenau
11. Tiessenkai
12. Aussichtspunkt Schleuseninsel

ESSEN + TRINKEN

Luzifer Fördeblick, Kanalstraße 85, 24159 Kiel, Tel. (04 31) 32 09 74 24, www.luzifer89.de (Schlemmen mit Blick auf den Leuchtturm und die Förde)

Schiffercafé, Tiessenkai 9–10, 24159 Kiel, Tel. (04 31) 9 08 96 76, www.schiffercafe-kiel.de (herzhafte maritime Speisen von morgens bis abends mit Exklusivblick auf Kanal und Förde)

AM KANAL IN HOLTENAU

Pötte, Leuchtturm und die Seebadeanstalt

Wer Kiel besucht, staunt meist, wie sehr das Wasser die Stadt prägt. Es gibt die Ostsee, die Kieler Förde, den Fluss Schwentine, viele Seen und schließlich den Nord-Ostsee-Kanal (NOK), den wir auf diesem beschaulichen Spaziergang entdecken. Wir starten in Kiel-Wik, wagen eine Überquerung des Kanals und finden am gegenüberliegenden Ufer in Kiel-Holtenau historische Juwele. Der Leuchtturm und die Seebadeanstalt zählen zu den glanzvollen Sehenswürdigkeiten, die man bei einem Aufenthalt in Kiel nicht verpassen sollte. Bei sommerlichem Wetter lohnt es sich, Badesachen einzupacken.

Unser Spaziergang führt uns in zwei Stadtteile, die durch den Nord-Ostsee-Kanal voneinander getrennt sind, so wie der Kanal ganz Schleswig-Holstein in zwei Teile trennt. Wir starten an der **Bushaltestelle Wik Kanal** und gehen die **Schleusenstraße** bis zum Kanal geradeaus, dann biegen wir rechts in die **Uferstraße** ein und folgen ihr auf dem Gehweg geradeaus. Das kurze Wegstück entlang stillgelegter Bahngleise ist recht öde. Umso mehr lohnt es sich, die Augen nach links zu richten. Bald sehen wir aufgebockte

Aussichtsplattform Schleuse

11 AM KANAL IN HOLTENAU

Nord-Ostsee-Kanal

Segelschiffe auf einer Werft, neben dem Gehweg wächst es üppig. Viele wehrhafte Sanddornsträucher finden sich, deren Beeren Vitamin-C-Bomben sind und als Superfood des Nordens gelten. Je nach Jahreszeit schmücken sie die Umgebung mit leuchtend gelb-orangen Farbtupfern. Immer wieder erhaschen wir auch einen Blick auf den Nord-Ostsee-Kanal. Bald erreichen wir auf der linken Seite unser erstes Ziel, das mit Hinweisschildern gekennzeichnet ist: die 1 **Aussichtsplattform Schleuse.** Sie ist den ganzen Tag für Besucher geöffnet und schenkt einen Überblick auf die Schleusenkammern des NOK und das vielfältige Treiben auf dem Kanal. Da überholt schon mal ein kleines Segelschiff mutig einen riesig wirkenden Frachter, der unter anderem aus Lärmschutzgründen nur langsam fahren darf. Vor allem bei einem größeren Schiff ist es spannend zu beobachten, wie der Schleusenvorgang funktioniert – behäbig manövriert es, von der Kieler Förde kommend, in die enge Schleusenkammer, der Wasserstand wird ausgeglichen, das Schleusentor öffnet sich und das Schiff fährt auf dem NOK weiter. Zwar ist die Aussichtsterrasse etwas in die Jahre gekommen, eine Neugestaltung ist aber geplant. Tafeln und Kästen informieren über die Schleuse, den NOK und die Kanalschifffahrt.

Der 2 **Nord-Ostsee-Kanal** ist ein künstlicher Kanal. Er verbindet die Nordsee und die Ostsee und erspart den Schiffen einen zeitintensiven und damit teuren Umweg von im Schnitt 450 Kilometern rund um Skagerrak in Nordjütland, das auch als „Kap Hoorn des Nordens“ bezeichnet wird und wegen gefährlicher Stürme und Strömungen gefürchtet ist. Den Grundstein legte 1887 der hochbetagte 90-jährige Kaiser Wilhelm I., sein Enkel Kaiser Wilhelm II. weihte 1895 den größten und anspruchsvollsten Bau Norddeutschlands ein. Der Kanal ist ein Meisterwerk der Ingenieurskunst mit fast 100 Kilometern Länge, 67 Metern Breite

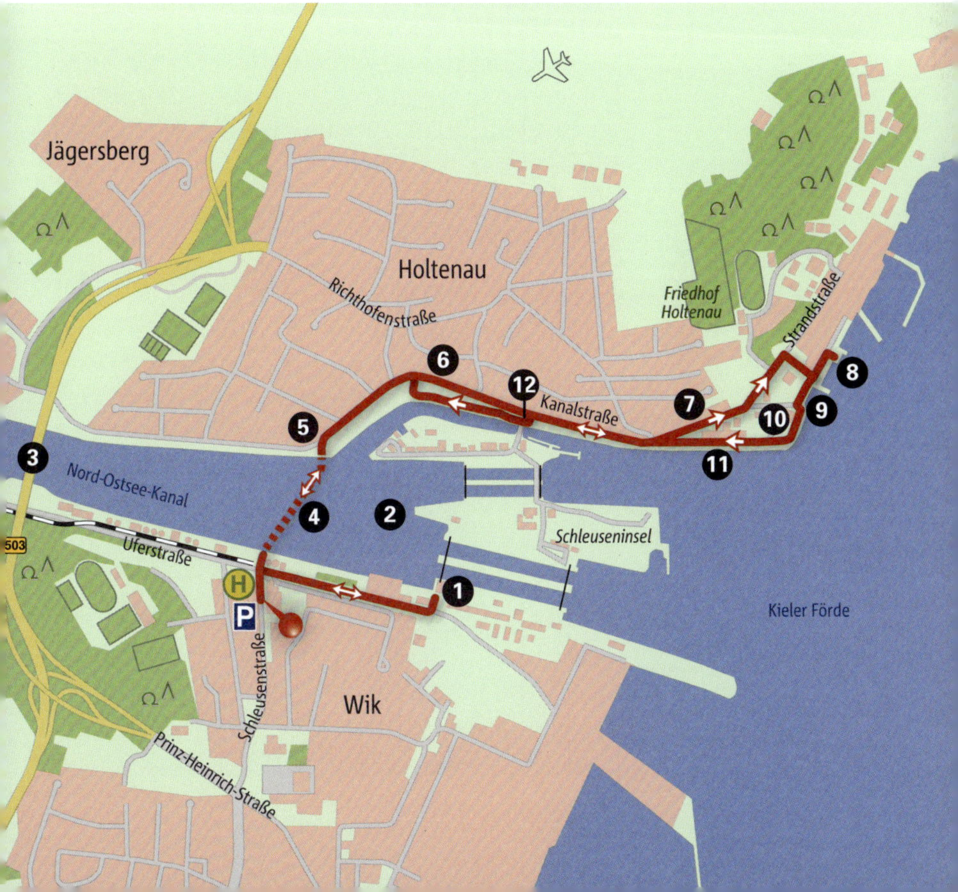

und durchweg 9 Metern Tiefe. Riesige Schleusen in Brunsbüttel und Kiel schirmen ihn ab gegen die wechselnden Wasserstände von Elbe und Ostsee – gegen Gezeiten und gegen Stürme. Für die Menschen hat er eine einschneidende Wirkung: Er trennt Ortschaften und Gemeinden, Wege und Bahnstrecken. 1948 ordneten die Alliierten an, den Kaiser-Wilhelm-Kanal in seinen ursprünglich vorgesehenen Namen Nord-Ostsee-Kanal umzubenennen. International hieß und heißt er Kiel Canal. Die meistbefahrene künstliche Wasserstraße zwischen Ozeanen durchfahren etwa 30.000 Schiffe im Jahr.

Nach dem Bau des Kanals brauchte man rasch neue Verbindungen über das Wasser. Sieben Brücken wurden gebaut; reine Meisterwerke der Ingenieur- und Baukunst. Zur Linken blicken wir von der Aussichtsplattform auf die **3 Holtenauer Hochbrücke.** Diese verbindet die Stadtteile Wik und Holtenau miteinander und besteht aus zwei Brücken mit je rund 18 Metern Breite und gut 500 Metern Länge. Im November 2022 schafften sie es mit einem Unfall in die Schlagzeilen der Nachrichten. Ein auf einem Schiff ver-

Holtenauer Hochbrücke

Fähre

ladener Hafenmobilkran kollidierte von Kiel kommend mit den Brücken, die eine Durchfahrtshöhe von 42 Metern haben, und sorgte für Verformungen an den Querträgern und Schweißnähten. Der Schiffsverkehr auf dem Kanal war zeitweise gesperrt, ebenso die Brücke – auf der Nordsee stauten sich die Schiffe, da sie nicht in den Kanal einfahren konnten. Inzwischen sind die Schäden behoben. Die erste Brücke an dieser Stelle, die Prinz-Heinrich-Brücke, wurde bereits 1911 eingeweiht, aber wegen Verschleiß und drohender Baufälligkeit 1992 abgerissen. Vor allem während der Bauzeit der neuen Prinz-Heinrich-Brücke von 1992 bis 1996 war es gut, dass es seit den Olympischen Sommerspielen 1972 in Kiel östlich der alten eine zweite Brücke gibt. Von einem Parkplatz auf der Seite dieser Olympiabrücke gelangt man auf einem Fußweg barrierefrei zu ihr. Dort bietet sich eine gute Aussicht auf den Kanal in Richtung der Schleusen.

Wir überqueren das Wasser auf eine andere Weise. Wenn wir genug beobachtet haben, gehen wir die **Schleusenstraße** wieder zurück, bis zur Ablegestelle der 4 **Fähre über den Nord-Ostsee-Kanal** auf der rechten Seite. Um die nördlich liegenden Stadtteile besser an die Innenstadt anzubinden, gibt es für Fußgänger und Radfahrer eine kostenlose Personenfähre. Das 14 Meter lange und 5 Meter

Holtenau

breite Fährschiff Adler 1 kann bis zu 50 Passagiere und 20 Räder befördern, auch Lastenräder können an Bord gehen. Die Querung des Kanals dauert 3 Minuten, die Fähre quert werktags rund 120-mal und am Wochenende rund 100-mal täglich. Die wendige kleine Fähre vollzieht eine kreisförmige Route, legt parallel zum Ufer an und behindert die Schifffahrt auf dem Kanal dadurch nicht. Da sie so kantig ist, nennen die Einheimischen sie „Schuhkarton“.

Am anderen Ufer betreten wir den Stadtteil 5 **Holtenau.** Bis ins 13. Jahrhundert zurück lassen sich Gründungsspuren des ehemaligen Dorfes finden, das lange zum Gut Seekamp gehörte. Im Süden des Ortes wurde 1779 der Eiderkanal fertiggebaut, der das Dorfleben allerdings kaum beeinflusste. Das sah 1895 bei der Fertigstellung des Kaiser-Wilhelm-Kanals anders aus, denn der zog Händler und Fachpersonal an, zum Beispiel für den Kanalbetrieb. Es wurde rege gebaut. Die neue Bebauung verdrängte den bäuerlichen Charakter. 1922 wurde Holtenau nach Kiel eingemeindet. In den Dreißigerjahren eröffnete der Flugplatz, dies zog einen weiteren Aufschwung nach sich. Wie schon in der Zeit vor und während des Ersten Weltkriegs wurde Holtenau von 1934 bis 1945 ein Standort der Seeluftwaffe, der Kriegsmarine und des Baus von U-Booten. Dennoch blieb Holtenau weitgehend von Luftangriffen verschont, denn der Kanal war für die Westalliierten strategisch wichtig, um ihre Marineschiffe zu verlegen. Von 1956 bis 2012 waren in Holtenau Marineflieger stationiert. Die freigewordene Fläche – direkt an der Förde gelegen mit Ostseeblick und Wald – ist ein Sahnestück von Kiel. Hier soll in den kommenden Jahren ein vernetztes und zukunftsorientiertes Stadtquartier entstehen, unter Beteiligung der Bevölkerung.

Von der Fähre gehen wir den kleinen Weg geradeaus, überqueren die 6 **Kanalstraße,** die während des Kanalbaus als Uferweg ausgebaut wurde, und folgen ihr nach rechts. Wir wählen den Gehweg, der direkt an den Häusern entlangführt, die aus verschiedenen Bauperioden stammen. Er führt uns unter wunderschönen Alleebäumen hindurch – hier steht Europas nördlichste Platanenallee. Sie ist ein Kulturdenkmal, die ältesten Bäume sind über 100 Jahre

Kanalstraße

Obelisk am Kanalpackhaus

alt. Es ist herrlich ruhig. Immer wieder lohnt sich ein Blick zu den Fassaden der Häuser, die Augen entdecken viel Schönes. Viele der meist zweigeschossigen Backsteinhäuser der Nummern 30 bis 47 wurden zwischen 1910 und 1930 gebaut. Stolz und prächtig stehen sie da, in den liebevoll angelegten Vorgärten grünt und blüht es üppig.

Bald macht die Kanalstraße einen leichten Linksbogen, dem wir folgen. Auf der linken Seite liegt nun das ehemalige 7 **Kanalpackhaus mit Obelisk.** Der 77 Meter lange dreigeschossige Backsteinbau auf einer Holzständerkonstruktion wurde bereits 1783 bis 1784 als Speichergebäude an der Mündung des Eiderkanals gebaut. Die Mittelfassade springt vor, hat ein eigenes Dach und neben Fenstern auch Ladeluken. Ein Zwillingsbau steht in Tönning in Nordfriesland. Die Gebäude markierten die Ein- und Ausfahrt des 1784 fertiggestellten Kanals, der ein wirtschaftliches Prestigeprojekt des dänischen Gesamtstaates darstellte. Der Name verrät es schon: Im Packhaus wurden größere Warenmengen umgeschlagen und gelagert, vor allem Getreide. Die ältesten Gebäude der Kanalstraße mit den Hausnummern 57 bis 67, die ebenfalls aus dem 18. Jahrhundert stammen, rahmen das Kanalpackhaus ein. Vor dem Gebäude nahe dem Tiessenkai steht ein protziger 7,50 Meter hoher Obelisk aus Sandstein mit vergoldeter Krone. Der dänische König Christian VII. ließ 1784 zur Kanaleröffnung an der östlichen Einfahrt zwei dieser Obelisken aufstellen, als herrschaftliche Kennzeichen und als Orientierungsmarken. Beide Wahrzeichen gibt es nicht mehr – dieser Obelisk ist eine Sandsteinkopie. Die Inschrift „Patriae et Popolo" heißt „Für Vaterland und Volk". Mit Vaterland war der dänische Gesamtstaat gemeint, dessen Einwohner genossen das Privileg, den Kanal nutzen zu dürfen. In den Achtzigerjahren wurde das Kanalpackhaus umgebaut; im Erdgeschoss befindet sich ein Restaurant, darüber liegen Wohnungen.

Wir gehen weiter geradeaus und biegen halb links in die **Strandstraße** ein. Dann folgen wir ihr, bis auf der rechten Seite moderne Mehrfamilienwohnhäuser zu sehen sind, direkt vorher biegen wir nach rechts in einen Fußweg ein, der

Seebadeanstalt Holtenau

uns an das Ufer der Kieler Förde bringt. Hier geht es links in die **Holtenauer Reede** ab und schon erblicken wir das weiße Holzgebäude der 8 **Seebadeanstalt Holtenau,** den außergewöhnlichen Wendepunkt dieses Spaziergangs, der uns in andere Zeiten eintauchen lässt. Bereits 1907 wurde an dieser Stelle eine erste Steganlage mit streng nach Geschlechtern getrennten Schwimmbereichen gebaut, die der feineren Gesellschaft vorbehalten war. Es gab einen 10-Meter-Sprungturm, eine Wasserrutsche und Sportgeräte wie Reck und Barren. Nach dem Zweiten Weltkrieg wurde die Seebadeanstalt vom Ufer entfernt auf Pfählen neu aufgebaut. Nach kleineren Sanierungen und mehreren Betreiberwechseln erwarb die Stiftung Lighthouse Foundation das Schwimmbad und sanierte es aufwendig. Dieses ist dank des großen ehrenamtlichen Engagements des „Freundeskreises der Seebadeanstalt Holtenau" von Anfang Juni bis Anfang September täglich geöffnet. Auch wer nicht baden, sondern nur Nostalgie tanken möchte, ist willkommen.

Wenn wir genug gesehen haben, gehen wir zurück, immer am Ufer, zunächst entlang der Kieler Förde und dann am Nord-Ostsee-Kanal. Die Holtenauer Reede macht bald einen Linksbogen und führt uns direkt zur 9 **Seelotsen-Versetzstation.** Hier fallen die knallorangen kleinen Lotsenboote ins Auge, die abfahrbereit für einen Einsatz sind. Der Kanal ist bei der Durchquerung anspruchsvoll. Ab einer bestimmten Schiffsgröße muss ein Lotse an Bord gehen, der dem Kapitän als Berater zur Seite steht, oder sogar ein Kanalsteuerer, der das Schiff lenkt. Rund um die Uhr werden die Lotsen mit den orangen Booten von der Schleusenanlage abgeholt und zu den Schiffen gebracht.

Am nächsten Vorsprung wartet auf einer Anhöhe, die aus Aushubmaterial des Kanalbaus entstand, ein weiterer Höhepunkt dieses Spaziergangs – der **10 Leuchtturm Kiel-Holtenau.** Verkleidet mit roten Backsteinen und 20 Meter hoch, ging er 1895 in Betrieb. Am Nordufer des Kanals markiert er die östliche Einfahrt und wird heute automatisch betrieben. In seinem achteckigen Unterbau liegt die „Drei-Kaiser-Halle" und erinnert an die feierliche Kanaleröffnung vom 21. Juni 1895. Auf einer Gedenktafel ist der Spruch verewigt, mit dem Kaiser Wilhelm II. den Kanal taufte: „Zum Gedächtniss Kaiser Wilhelms I. des Grossen taufe ich Dich: Kaiser-Wilhelm-Kanal. Zum Ruhme des Deutschen Reichs. Zur Wohlfahrt aller Nationen." Dieser Taufspruch verbirgt die eigentliche, nicht friedliche Bedeutung des Kanals: Über ihn konnte die Marine die kaiserliche Flotte rasch von der Ostsee in die Nordsee verlegen und umgekehrt. Im Fundament des Turms finden sich noch immer der Grundstein des Kanals und die Gründungsurkunde. In der Drei-Kaiser-Halle können sich heute Brautpaare direkt am Meer trauen lassen – für viele der perfekte Ort, um den Kurs auf ein gemeinsames Leben auszurichten und in den Hafen der Ehe einzulaufen. Den Torbogen des Leuchtturms verziert ein kunstvolles Bronzerelief mit zwei Nixen sowie dem Holtenauer und dem früheren Brunsbüttler Leuchtturm. Es symbolisiert den Kanal als Wasserstraße, die die Meere verbindet.

Seelotsen-Versetzstation

11 AM KANAL IN HOLTENAU

Leuchtturm Kiel-Holtenau

Tiessenkai

Wir halten uns weiter geradeaus. Bald geht die Holtenauer Reede über in den ⑪ **Tiessenkai.** Hier liegen oft prächtige historische Segelschiffe vertäut. Die heutige Flaniermeile mit exklusivem Blick gibt es seit dem Kanalbau 1895. Vorrangig siedelten sich maritim geprägte Betriebe und Einrichtungen an, ab 1927 auch der äußerst kundenfreundliche Schiffsausrüster Hermann Tiessen, nach dem der Kai 1977 umbenannt wurde. Heute befindet sich in den ehemaligen Geschäftsräumen im Tiessenkai 9 das beliebte Schiffercafé mit einem ganztägigen, vielfältigen Speisenangebot. Vor allem an schönen Wochenendtagen ist viel los am Tiessenkai. Die Sonne kitzelt die Nase, kreischend segeln Möwen über den Köpfen, am Horizont nimmt ein Schiff der Stena Line Kurs auf Schweden, rechts fährt ein hochbeladenes Containerschiff Richtung Schleuse. Wer weiß, vielleicht haben wir Glück und können einem alten Frachtsegler beim Anlegen zusehen? Wenn wir genug gesehen und von der Seefahrt geträumt haben, treten wir den Rückweg an.

Der Tiessenkai geht über in die **Kanalstraße,** dieser folgen wir auf dem wasserseitigen Gehweg. Am ⑫ **Aussichtspunkt Schleuseninsel** verweilen wir ein letztes Mal. Hier gibt es vielfältige Panoramen auf das Mündungsgebiet des Nord-Ostsee-Kanals in die Kieler Förde. Informationstafeln stillen den Wissenshunger, Liegebänke und andere Bänke laden zum Verweilen ein. Hinter der Schleuseninsel führt unser Weg nahe am Wasser des Betriebshafens über die **Schleusenwiese.** Kurz bevor sie in einen Parkplatz übergeht, nehmen wir den Weg rechts zur **Kanalstraße** hoch und folgen dieser bis zum **Fähranleger.** Mit der Fähre setzen wir ans andere Ufer über. Wir verlassen das Schiff, gehen ein paar Schritte geradeaus und kommen voller neuer Eindrücke am Ausgangs- und Endpunkt an, der **Bushaltestelle Wik Kanal.**

Blick zur Schleuseninsel

12

START/ZIEL: Bushaltestelle Schilksee Olympiazentrum, 24159 Kiel
LÄNGE: ca. 5,5 Kilometer
DAUER: ca. 3 Stunden
ÖPNV: Bushaltestelle Schilksee Olympiazentrum
PARKEN: Parkplatz Tempest, 24159 Kiel

UNTERWEGS ENTDECKT

1. Kaukasische Flügelnuss im Kurpark
2. Skulptur „Mädchen im Wind“
3. Dietrich-Bonhoeffer-Kirche
4. Steilküste
5. Naturstrand
6. Aussichtspunkt
7. Strandbad
8. Fähranleger Kiel Schilksee
9. Olympiazentrum Schilksee
10. Olympiahafen

ESSEN + TRINKEN

Goldfisch Hafen Kiosk, Soling 50, 24159 Kiel, Tel. (01 71) 4 14 30 63, www.goldfisch-kiel.de (direkt mit Hafenblick, leckere Fischbrötchen und mehr, alles frisch und liebevoll angerichtet)

El Mövenschiss, Soling 36, 24159 Kiel, Tel. (04 31) 8 88 05 14, www.elmoevenschiss-schilksee.de (Genießen mit Wasserblick, typisch norddeutsche Kulinarik, kombiniert mit mediterranen Einflüssen)

FREIE OSTSEE IN SCHILKSEE

Olympia und spektakuläre Steilküste

Welche deutsche Großstadt liegt so bevorzugt am Wasser wie Kiel? Diese fantastische, außergewöhnliche Lage wird stark im äußersten nördlichen Stadtbezirk erlebbar, den die Halbinsel Dänischer Wohld an der freien Ostsee beherbergt. Spätestens seit 1972 ist Schilksee vielen Menschen bekannt, denn hier starteten die Segelregatten der Olympischen Sommerspiele. Bei diesem Spaziergang entdecken wir die atemberaubende Schönheit der Steilküste und das quirlige Olympiaquartier. Unterwegs fragt man sich immer wieder verwundert: „Sind wir wirklich in Kiel unterwegs!?“

Vorab ein Hinweis: Bei starken Oststürmen, wie im Oktober 2023, holt sich das Meer Land von der Steilküste zurück. Wege werden dann unter Umständen eine Zeit lang gesperrt oder verlegt, dies kann auch einen Teil dieses Spaziergangs betreffen.

Bereits seit 1890 ist Schilksee durch einen regen Fremdenverkehr mit Strandleben geprägt, ab 1950 etablierte sich zudem der Segelsport in dem ansonsten eher beschaulichen Stadtteil. Für die Segelwettbewerbe der Olympiade 1972 baute die Stadt einen großen Seglerhafen. Während der Kieler Woche knüpft er an seinen Ursprungszweck an, ist aber auch außerhalb dieses Events ein beliebter Hotspot des Segelsports.

Unser Spaziergang startet an der **Bushaltestelle Schilksee Olympiazentrum.** Der Straße **Tempest,** die ihren Namen einem Segelboot verdankt, folgen wir ortseinwärts; rechts von uns liegt ein großer Parkplatz. Noch lässt sich nichts von den wundervollen Ein- und Ausblicken erahnen, die uns bald geschenkt werden.

In die erste Straße rechts, die **Schilkseer Straße,** biegen wir ein – eine unaufgeregte Wohnstraße mit Mehrfamilienhäusern aus Backstein. Wir wechseln auf die linke Straßenseite und treten zwischen zwei Wohnblocks in einen namenlosen Fußweg. Dieser geht über in den **Muschelweg,** den wir bis zum Ende nehmen. Dann biegen wir links in den **Seesternweg** ein. Hier finden sich schmucke Einfamilienhäuser. Besondere Aufmerksamkeit verdient das Haus **Seesternweg 5.** Hier gedeihen im Vorgarten prächtige Zedern wie die Blauzeder-Wacholder und die Atlas-Zeder.

Kaukasische Flügelnuss

Am Ende des Seesternwegs überqueren wir die Straße und treten rechts in die Straße **Langenfelde.** Hier kommt schon das Grün des **Kurparks** in Sicht, der hinter dem Jugendtreff beginnt. Ausladend wachsende Bäume begrenzen den Rasen. Am Ende des Parks erhascht man einen ersten verheißungsvollen Blick auf das an diesem Tag tiefblau daliegende Wasser der Ostsee. Nach wenigen Metern auf dem geschotterten Weg fällt ein weit ausladender, solitär stehender Baum ins Auge. Die **1 Kaukasische Flügelnuss** ist fast 20 Meter hoch und mehr als doppelt so breit. Sie gehört zur Familie der Walnussgewächse und kommt ursprünglich vor allem in feuchten Wäldern und in der Nähe fließender Gewässer vom Kaukasus bis Nordpersien vor. Ihren Namen verdankt sie ihren geflügelten Nussfrüchten. Man sollte unter ihr Blätterdach treten, nur dann fällt das Besondere dieses Baumes auf: Er hat eine ausgesprochen ungewöhnliche Wuchsform mit verschlungenen, wie verknotet wirkenden Ästen und sieht dadurch ausgesprochen lebendig aus.

Wir wenden uns von diesem Baum wieder der Straße **Langenfelde** zu und blicken auf der anderen Straßenseite in das Antlitz eines Mädchens. Am Beginn der **Seestraße,** die hier rechts abbiegt, findet man die **2 Skulptur „Mädchen im Wind“.** Der Bildhauer Kurt Lehmann schuf sie aus Anlass der Olympischen Segelwettbewerbe 1972. Die aufrecht stehende junge Frau greift mit einer Hand in ihr Haar, der andere Arm hängt nach unten. Kraftvoll abstrahiert, mit kantigen Formen und rauer Oberfläche – dieses Mädchen hält auch Stürmen stand, sie ist robust, herb und damit eine echte Küstenbewohnerin.

Wir kehren in den Kurgarten zurück und gehen auf unserem Weg weiter geradeaus. Prächtige Bäume spenden Schatten an diesem warmen, sonnigen Tag. Am Ende des Schotterweges halten wir uns rechts und schlendern auf der bereits bekannten Straße Langenfelde weiter geradeaus. Nach wenigen Metern sehen wir schon den markanten, solitär stehenden Glockenturm der evangelischen 3 **Dietrich-Bonhoeffer-Kirche.** Sie wurde von den Architekten Barbara und Wolfgang Vogt aus Strande entworfen und

12 FREIE OSTSEE IN SCHILKSEE

„Mädchen im Wind“

Dietrich-Bonhoeffer-Kirche

1969 eingeweiht. Anders als heute stieg damals die Zahl der Kirchenmitglieder stetig und es wurde eine neue Kirche gebraucht. Der für die damalige Zeit äußerst moderne Kirchenraum bietet 200 Plätze, er ist reduziert gestaltet, hat eine Holzdecke und farbige Glasfenster, die viel Licht ins Innere lassen. Benannt wurde dieses Gotteshaus nach dem Theologen Dietrich Bonhoeffer, der für seinen Widerstand gegen den Nationalsozialismus noch kurz vor Kriegsende im April 1945 hingerichtet wurde.

Auf der linken Seite folgt wenige Meter geradeaus der **Ankerplatz.** Wer etwas essen oder trinken oder Proviant kaufen möchte, dem sei die Bäckerei empfohlen, die auch einen Cafébetrieb mit Selbstbedienung hat. Danach biegen wir links vor einem Anker in den **Gaffelweg,** ihm folgen wir in einer Linkskurve bis zum Ende. Er geht über in wenige Meter eines Verbindungsweges, bis wir rechts in den Weg einbiegen, der uns der Steilküste nahebringt. Zur Rechten liegen zunächst moderne Wohnblöcke, zur Linken grüne Büsche, dahinter eine Baumwiese. Wir flanieren weiter geradeaus und überqueren bald den **Funkstellenweg,** an dem sich auch ein kleiner Parkplatz für die Steilküste befindet. Auf dem mit schönem Baumbewuchs gesäumten Schotterweg halten wir uns nun immer geradeaus. Bald kommt eine kleine Lichtung mit Bank, von der man das erste Mal das verführerische Blau der Ostsee sieht.

Wir gehen noch etwas weiter geradeaus und erkennen nach wenigen Metern links einen **Aussichtspunkt** auf die Ostsee und die 4 **Steilküste.** Für diesen Ausblick verlassen wir kurz den Weg. Wir befinden uns auf einer Höhe von etwa 20 Metern über dem Meer und lassen unseren Blick staunend umherschweifen. Die Ostsee begrenzt den Horizont. Am rechten, gegenüberliegenden Ufer liegt Laboe mit dem markanten **Ehrenmal.** Es erinnert an Seeleute aller Nationen, die in den Fluten umkamen, und fordert zugleich freie Meere mit einer friedlichen Seefahrt. Wir sehen auch einige große Schiffe, die in der Schleuse Holtenau den Nord-Ostsee-Kanal verlassen haben und nun der freien Ostsee entgegenfahren.

Zur Linken, nicht sichtbar, liegt der Olympiahafen Schilksee. Zwischen diesen Landmarken schimmert das Wasser in changierenden Blautönen von Tintenblau bis Türkis, darüber hängt das Himmelsblau. Wir stehen auf dem einzigen aktiven, das heißt abbrechenden Steilufer im Kieler Küstenbereich. Wenn im Herbst und Winter starke Stürme aus Osten mit hohem Wasserstand toben, holt sich das Meer Land zurück und es kommt zu größeren Abbrüchen. Auch Niederschlag, Frost und Tauwetter fördern die Erosion. Jedes Jahr lösen sich etwa 80 Zentimeter von der Steil-

Steilküste

küste; immer wieder müssen kurzfristig Pfade verlegt oder gesperrt werden. Das ist auch der Grund, weshalb dieser Spaziergang kein Rundweg ist, sondern teilweise denselben Weg zurückführt.

Die trocken-warme, vegetationsarme Steilküste bietet seltenen Pflanzen wie Wundklee und Gemeinem Dost Heimat, ebenso gefährdeten Wildbienen und Wespen sowie Kiels einziger **Kolonie von Uferschwalben.** Von April bis Oktober lassen sich hier an der Steilküste die nur rund 12 Zentimeter kleinen Vögel beobachten, die in den steilen Wänden brüten. Die Männchen bauen mit ihrem Schnabel und ihren Krallen die Brutröhren, an deren Ende liegt eine ausgepolsterte Nestkammer für die vier bis sechs Eier des Weibchens. Zum An- und Abflug brauchen die Schwalben vegetationsfreie Bereiche, wie sie diese Steilküste bietet. Im Winter lebt die Uferschwalbe in der afrikanischen Sahelzone. Es macht große Freude, die Flugkünstler zu beobachten, die nach dem Schlüpfen der Jungen unentwegt damit beschäftigt sind, ihren Nachwuchs mit kleinen Fluginsekten zu füttern.

Naturstrand

Wir kehren auf den Schotterweg zurück und folgen ihm weiter geradeaus. Immer wieder werden wir mit einem weiten Blick auf die Ostsee belohnt, die bei jedem Wetter eine fantastische Augenweide darstellt. Wir folgen dem Weg bis zu einem Aussichtspunkt mit Stahltreppe, diese führt hinunter an den 5 **Naturstrand.** Es lohnt sich, hinabzusteigen und von unten auf die Ostsee und die Steilküste zu schauen. An deren Fuße türmen sich mächtige Findlinge auf, neben kleineren Steinen und weißem Sand. Auch kann man hier Fossilien finden. In der Eiszeit kamen mit den Gletschern aus dem skandinavischen Raum die unterschiedlichsten Steine. Die ältesten sind die rund 1,8 Milliarden Jahre alten Gneise. Meist haben sie verschiedene Grautöne, aber

Aussichtspunkt

auch zartrosa oder bräunliche Einschläge kommen vor. Unverwechselbar sind sie durch ihre abwechselnd hell und dunkel angeordneten parallelen Bänder aus unterschiedlichen Mineralien. Hier am Naturstrand finden sich auch die stark gefährdeten Strandwälle und Küstendünen, auf ihnen wachsen Pflanzen wie Strandhafer, Strandroggen, wilder Oregano, Hornklee, Labkraut und Vogelwicke.

Wenn wir genug gestaunt und entdeckt haben, steigen wir die Treppe wieder hinauf und gehen an diesem Punkt den Steilküstenweg anfangs so zurück wie wir gekommen sind: Oben angekommen, biegen wir rechts auf unseren Weg ein, folgen diesem geradeaus bis zum **Funkstellenweg,** überqueren ihn und halten uns weiter geradeaus. Bald stehen zur Linken wieder die modernen Wohnhäuser sowie zur Rechten grüne Büsche und die Baumwiese. Links passieren wir den **Gaffelweg,** wenige Meter danach biegen wir stramm rechts ab. Links vor uns liegt eine Wiese, rechts blicken wir auf die hinter Büschen schimmernde Ostsee, zu der eine Treppe hinabführt. Wir dagegen bleiben auf dem Schotterweg; dieser macht bald einen Linksbogen – am Horizont sehen wir den Turm der Dietrich-Bonhoeffer-Kirche – und führt wenig später rechts in ein Übergangswegstück. Hier biegen wir ab, es geht über in den **Seeschwalbenweg.** Rechts und links liegen villenartige Häuser mit schönen Gärten.

12 FREIE OSTSEE IN SCHILKSEE

Strandbad

Wir halten uns rechts, der Weg geht über in die gepflasterte Uferpromenade **Hohes Ufer.** Hier befindet sich gleich zu Beginn ein weiterer fantastischer 6 **Aussichtspunkt** mit einer Rundbank, die zum Verweilen einlädt. Eine Treppe führt zum Strand hinab, wir bleiben aber oben auf der Uferpromenade. Auch wenn die Ostsee lockt, lohnt es sich, den Blick auf die kleineren charmanten Häuser zur Linken schweifen zu lassen.

Bald geht die Promenade Hohes Ufer über in die **Strandpromenade.** Dieser folgen wir immer geradeaus und wählen uns einen schönen Blick auf das feinsandige 7 **Strandbad,** der Strand ist über 800 Meter lang. Für Farbtupfer sorgen viele Strandkörbe, die tageweise gemietet werden können. Vorgelagerte Buhnen brechen die Wellen, dadurch strömt das Wasser normalerweise ruhig ans Ufer. Vor allem Familien mit Kindern wissen dies zu schätzen. Die Kleinsten können gefahrlos im Sand buddeln und im ufernahen flachen Wasser planschen. Die DLRG bewacht den Strand von Juni bis September. Wer keine Lust zum Schwimmen hat, aber auf der Ostsee unterwegs sein will, kann sich ein Tretboot mieten. Wer es noch entspannter mag, chillt im Strandkorb, richtet den Blick aufs Meer und träumt vor sich hin oder beobachtet das Ein- und Ausfahren der Schiffe.

Wir gehen die Strandpromenade bis zum Ende und folgen dem Weg rechts bis zum 8 **Fähranleger Kiel Schilksee.** Klassisch in der Optik, aber modern in Ausstattung und Technik ist dieser 2016 neu erbaute barrierefreie Anleger. Er entstand innerhalb von neun Monaten; Tage mit Baustopp gab es nur, als in der Kieler Förde zwei deutschlandweit bekannte Shootingstars gesichtet wurden, die Delfine Selfie und Delfie. Die 68 Meter lange Mole führt über

Fähranleger

12 FREIE OSTSEE IN SCHILKSEE

Olympiazentrum

einen beweglichen Zugangssteg auf einen Schwimmponton. Dadurch kann der Anleger unabhängig vom Wasserstand angefahren werden, von Mai bis Anfang September kommen dreimal und am Wochenende viermal am Tag die Fähren der Linie F1 (Kiel – Laboe – Strande – Kiel). Knapp 1,5 Stunden dauert die einfache Fahrt auf der Ostsee und der Kieler Förde bis zum Endpunkt Kieler Bahnhofsbrücke. Dabei bleibt ausreichend Zeit, um sich die gute Seeluft um die Nase wehen zu lassen. Auch der Schilkseer Sporthafen profitierte von dem Neubau, er erhielt einen im Anleger integrierten neuen Steg.

Wer sich vom Anleger landeinwärts und nach rechts dreht, bekommt einen guten Überblick über das letzte Ziel unseres Spaziergangs, das 9 **Olympiazentrum Schilksee.** Der 1972 zu den Olympischen Spielen erbaute Komplex besteht aus Wohngebäuden, Geschäften und einem der größten Jachthäfen der deutschen Ostseeküste. Die Gesamtanlage gewann den ersten Preis in einem Wettbewerb. Aus heutiger Sicht wirken die Gebäude aus Beton wuchtig, umso mehr lohnt sich ein zweiter neutraler Blick. Die Grundidee der Architekten greift die Landschaftsformation auf: Zungenförmig ragen die Steilküstenausläufer in das niedrig gelegene Baugelände hinein. Dabei setzt sich die Steilküste in Form eines Sockelbaukörpers fort. In diesem finden alle dem Hafen zugeordneten Einrichtungen Platz wie die Büros der Regattaleitung. In den darüberliegenden Stockwerken finden sich Läden, Restaurants und schließlich Appartements.

Die Fußwege zwischen den Gebäuden und dem 10 **Olympiahafen** sind so angelegt, dass man als Spaziergänger unmittelbar beim Auf- und Abslippen der Boote dabei ist und auch heute noch Regattastimmung miterleben kann – während der Kieler Woche. Nach wie vor hat der Jachthafen mit seinen rund 850 Liegeplätzen eine hervorgehobene Bedeutung, denn bei der Kieler Woche starten hier die Segelregatten. Wir schlendern nahe der Wasserkante, von hier haben wir sowohl einen schönen Blick auf die vielen, sanft im Wasser schaukelnden Segelboote, als auch auf die imposanten Gebäude des Olympiazentrums.

Fast am Ende des Seglerhafens findet sich eine **Station der Seenotretter (DGzRS)** mit eigenem Boot und mehr als zwei Dutzend freiwilligen Seenotrettern. Ihr Einsatzgebiet ist ein sehr stark befahrenes Seegebiet in der Innen- und Außenförde, das vor allem durch intensiven Segelsport, Surfen und Kitesurfen geprägt ist. Mit dem 2019 vom Stapel gelassenen Rettungsboot Gerhard Elsner, das mit seinem 380-PS-Dieselmotor eine Geschwindigkeit von 18 Knoten schafft, kommt bei Seenot schnell Hilfe. Bei Rettungs- und Suchaktionen unterstützen sich die Kollegen der Nachbarstationen in Laboe und Eckernförde gegenseitig. Heute jedoch ist alles ruhig.

Wenn wir genug gesehen haben, schlendern wir entlang des Jachthafens zurück und biegen am Ende der Gebäudezeile – auf Höhe des Fähranlegers – rechts in den Starweg ein. Dieser bringt uns geradewegs zurück zur Straße Tempest und zu unserem Endpunkt, der **Bushaltestelle Schilksee Olympiazentrum.**

Olympiahafen

Danke
Ein herzlicher Dank geht an die Taufpaten Lisa und Peter Thomsen. Sie begeistern uns immer wieder voller Stolz, mit Herz und Charme für ihre Heimatstadt Kiel.

Bibliografische Information der Deutschen Nationalbibliothek
Die Deutsche Nationalbibliothek verzeichnet diese Publikation in der Deutschen Nationalbibliografie; detaillierte bibliografische Daten sind im Internet über http://dnb.d-nb.de abrufbar.

Konzeption / Gestaltung / Satz: Droste Verlag, Düsseldorf
Einbandgestaltung und Illustrationen: Britta Rungwerth, Düsseldorf
Fotos: Birte und Martin Stährmann, außer S. 119: Prof. Dr. Hartmut Göbel
Textlektorat: Mo Kreutzberg, Düsseldorf
Karten: Angelika Solibieda, Karlsruhe
Druck und Bindung: LUC GmbH, Greven

ISBN 978-3-7700-2511-4
www.droste-verlag.de